改訂にあたって

「筆者自身の必携ガイドブック」を裏テーマとして本書を執筆させて頂いてからおよそ3年が経過しました。

この３年間で世の中の多くのことが変わりました。

まずは税制に関係ないところで、元号が平成から令和に、民法においては平成30年（2018年）改正相続法が段階的に施行され、令和2年（2020年）４月１日の配偶者居住権制度の施行によりすべての改正相続法が施行されました。

税制においては、消費税率10％への改正と軽減税率の導入、所得税の基礎控除額や青色申告特別控除額の改正など、税制のベースとなる項目の改正が行われました。

できることならば税金なんて見たくも払いたくもない、というのは筆者も同様なのですが、それ以上に世の中には税金をより少なく納めることに情熱を注ぐ人がおり、それが過熱するとサーモスタットのように税務当局が封じ込め改正を行います。

このような税制改正の流れは、もはやルーティーンとなっており、こと不動産については、その取引額の大きさゆえに節税インパクトもそれなりであることから、このルーティーン劇場の主人公となることが多く、事実この３年間においては、賃貸アパートなどの購入の際の消費税の控除（還付）ができなくなり、また、国外の中古不動産を購入することによる節税ができなくなるなど、インパクトのある節税封じ込め改正が行われました。

これらを含め今回加筆した主な項目は以下のとおりです。

▶住宅ローン減税

最もポピュラーでありながらも意外とトラブルや勘違いの多い項目です。夢のマイホーム購入がハッピーなイベントとなるようにという願いと愛を込めて。

▶居住用賃貸建物の取得等に係る消費税還付不可に

節税封じ込め改正

▶国外中古建物投資による節税不可に

節税封じ込め改正

▶代償分割の際の相続税評価

筆者の実務で多く接しました。

▶配偶者居住権・配偶者短期居住権の概要と相続税評価

相続法改正による新制度で、使用例についても執筆しました。そして、この制度は相続税節税につながる場合もあります。

また、「消費税」については、不動産を「買う」「貸す」「売る」の場面それぞれに留意点が散在しており、特に売買における税務実務においてトラブルになることが多いことから（筆者自身もヒヤリとした経験があります）、消費税に関連する項目をピックアップしてまとめました。

その他にも、初版について読者の皆様から頂戴しましたご指摘やご指導の内容や筆者自身が実務で接したことなどを加筆修正することで、初版よりも充実した内容となるよう努めましたので、読者の皆様のお役に立つことができますと幸いです。

不動産実務の百科事典のようにしたいとの筆者の勝手な希望(野望？）に対して、まずはできるところから（小さく）スタートさせて、版を重ねるごとに少しずつ項目を増やしていきましょう、とやさしく導いてくださった株式会社税務経理協会の吉冨智子様、見捨てずに改訂のお声をおかけくださいましてありがとうございました。気は早いのですが、次の改訂に向けて準備を始めて参ります（笑)。

2021年８月吉日　伊藤達仁

はじめに

「68.1%」、第1位。

個人および法人経営者3,990社から回答を得たアンケート※において、経営者が年に1回以上「経営」の相談をする相手として思い浮かんだ顔が「税理士・司法書士等の専門家」とのこと。次いで金融機関59.9%、取引先45.8%の順。

※「経営者の事業方針に関するアンケート」日本政策金融公庫総合研究所2015年1月26日

税理士や司法書士は国家資格ということもあり信用されやすいということはさておき、そもそも一人の人間が何かを相談する先の数は高が知れていて、経営者にしてみれば、会社の数字や経営者の給与額、家族構成のみならず既往症までをも知られている「間柄」である税理士は「とりあえず何か」を相談する恰好の（実に都合の良い）相手先なのでしょう（筆者はこのことに幸せを感じます）。

「センセー、土地買っていいっすか？」

もちろん、土地を購入して良いか税理士の許諾を求めているわけではありません。

「○坪の土地で、建ぺい率○%・容積率○%なので、○階建てが建つようで。ワンフロアは自分たち家族が住んで、ワンフロアを自社で使おうかと。それ以外は賃貸に回せば○％くらいの利回りで回せるらしいです。で、まだ本決まりではないんですけど、嫁の両親も呼び寄せるという話もあったりして。何なら嫁の両親が資金の一部を出してくれるとかで、そういう場合って贈与がいいんですかね？ 後々のことを考えたら区分所有にした方がいいんですかね？ 相続対策とかも考える必要ありますよね？ そもそも会社で買った方がいいんですか？ 嫁にも持ち分を持たせた方がいいんですかね？ ローンの名義は？その他諸費用はどんなものが？…」

もはや「とりあえず」とは思えない容赦のない質問に対しても律儀に受け止めなければならない税理士に向けて、ではなく、実は恥ずかしながら筆者自身のために ── 税務会計処理だけでなく、一般的な不動産取引知識・用語、投資判断指標などのすべてを頭の中に格納することができない ── 自身の顧客相談対応の際の必携ガイドブックとして利用するイメージで筆を取らせて頂きました。

願わくは、自身のためだけでなく、不動産業界のプロフェッショナルの皆様におかれましては税務の知識を付加価値として提案力向上の一助に、そして筆者自身が誰よりもお役に立ちたいと所望する相続対策を検討される方々や不動産投資家におかれましては、巷に溢れている情報整理を兼ねた人生・資産設計の「たたき台」として本書をお役立て頂ければ幸いに存じます。

最後に本書の刊行にあたりまして、常に優しく粘り強く執筆のご指導と校正作業に骨折りいただいた株式会社税務経理協会の吉冨智子様にはこの場をお借りしまして厚く御礼を申し上げます。

2018年９月　伊藤達仁

目次
CONTENTS

第1章　不動産取引の基礎知識

5　不動産取引③　借地・定期借家等

第2章　不動産取引に関する税務・会計・資金

1　取得に関する税務・会計・資金

2　所有中・賃貸に関する税務・会計・資金

（参考）

消費税に関連する項目一覧

凡　　例

本書では、解説の根拠となる法令・通達については、以下の略称を用いています。

1　略 記 例

所法33③一（所得税法第33条第3項第1号を示す）

2　略　　称

名　　称	本書での略称
所得税法	所法
所得税法施行令	所令
所得税法施行規則	所規
所得税基本通達	所基通
法人税法	法法
法人税法施行令	法令
法人税基本通達	法基通
相続税法	相法
相続税法施行規則	相規
相続税法基本通達	相基通
消費税法	消法
消費税法施行令	消令
消費税法基本通達	消基通
租税特別措置法	措法
租税特別措置法施行令	措令
租税特別措置法施行規則	措規
租税特別措置法関係通達	措通
減価償却資産の耐用年数等に関する省令	耐令
耐用年数の適用等に関する取扱通達	耐通
使用貸借に係る土地についての相続税及び贈与税の取扱いについて	昭48直資2-189

第 1 章

不動産取引の基礎知識

土地の価格は１種類ではない　1

☑土地の価格には、公示地価、基準地価、相続税路線価、固定資産税評価額、実勢価格（取引価格）の５種類がある

土地の価格は「一物多価」といわれ、公的な評価額だけでも、公示地価、基準地価、相続税路線価、固定資産税評価額の４つがあります（一物４価）。これに実勢価格（取引価格）を加えて一物５価と呼ばれる場合があります。

これらの価格の目安としては、公示地価及び基準地価の価格を基準とすると、相続税路線価はその約80％、固定資産税評価額はその70％となるように設定されています。

土地の公的評価額についてまとめますと以下のようになります。

（1）公示地価

調査主体は国土交通省。公共用地買収・補償等の基準として利用されます。毎年１月１日に評価され、３月下旬に公表されます。

根拠法令は地価公示法で、調査地点は主に都市計画区域内です。調査地点を標準地といいます。

（2）基準地価

調査主体は都道府県。こちらも、公共用地買収・補償等の基準として利用されます。毎年７月１日に評価され、９月下旬に公表されます。

根拠法令は国土利用計画法で、調査地点は主に都市計画区域内です。調査地点を基準地といいます。

（3）相続税路線価

調査主体は国税庁。相続税・贈与税の算定に利用されます。毎年1月1日に評価され、7月に公表されます。

公示地価の約80％を目安に設定され、国税局長が決定します。市街地を中心に価格が付されており、農村や山林地域等には路線価は付されません。

（4）固定資産税評価額

調査主体は市町村（東京23区は東京都）。固定資産税の算定に利用されます。3年に1度、1月1日に評価され、その年の4月に公表されます。

公示地価の約70％を目安に設定され、市町村長（東京23区は都知事）が決定します。路線価が付されていない地域の土地評価や登録免許税の算定にも利用されます。なお、個々の固定資産税評価額は公表されません。

建物の価格はどう決まるか　2

☑建物価格を求める方法には、①不動産鑑定評価による方法、②会計上の帳簿価額による方法、③固定資産税評価額による方法がある

建物の価格は、建築価額等から時の経過や使用による価値の減少分等を控除するなどの方法により算定します。建物価格を求める方法としては、不動産鑑定評価による方法、会計上の帳簿価額による方法、固定資産税評価額による方法があります。

しかし、実際の取引においては、中古物件については、その価値はゼロ、あるいは、取り壊し費用を考慮して土地の更地価額からマイナスされるなどのケースを多く見受けます。

不動産鑑定評価による方法

不動産鑑定評価による方法では、その建物の再調達原価からその建物の価値の減少分である減価額を差し引くことにより求めます。この減価額は、耐用年数に基づく方法と、その建物の個々の事情を反映させる観察減価法とを併用することにより求められます。ここで、不動産鑑定評価における「耐用年数に基づく方法」とは、会計手続きや税務実務における法定耐用年数を用いた減価償却計算を行うことではありません。

会計・税務における法定耐用年数を用いた減価償却計算は、期間損益計算を適正に行うためにいわば機械的に算定することが主な目的ですが、不動産鑑定評価における「耐用年数に基づく方法」は、物理的減価・機能的減価・経済的減価に建物の経過年数をも考慮することにより、建物の減価額を把握する方法

であり、評価する建物の個性に着目し、その評価時の適正な価格を算定することを目的としています。計算式は次のようになります。

計算式

不動産鑑定評価による建物価格 ＝ 再調達原価 ×（1－ 減価率 ）

会計上の帳簿価額による方法

会計上の減価償却計算の手法を用いて、建物の取得価額からその建物の減価償却累計額を差し引いた帳簿価額をその時点の建物価額とする方法です。この方法は、その建物の構造や用途に応じて一律の耐用年数により算出されるため、個々の建物の事情を反映することはありません。

固定資産税評価額による方法

固定資産税評価額は、市町村等が固定資産税を課税するために用いられるものです。固定資産税評価額も建物建築時から時の経過とともにその評価額が低減されるものの、その評価額が適切な建物価格を反映しているというわけではありません。

不動産鑑定評価とは　3

☑親子会社その他同族関係者間で売買を行う場合などで、第三者間で決定される価額とかけ離れていないことを証明するために、公正な立場からの評価である不動産鑑定評価が必要となる

不動産の鑑定評価とは、「不動産の経済価値を判定し、その結果を価額に表示すること」であり、国家資格である不動産鑑定士（不動産鑑定士補を含む）のみが、不動産鑑定評価を業務として、不動産の鑑定評価報告書を発行することができます。

職業会計人として不動産鑑定評価が必要となる場面としては、親子会社や関連会社間その他同族関係者間で売買を行う場合や遺産分割などがあります。同族関係者間での売買において、その売買価額が第三者間で決定される価額とかけ離れていると税務当局に認定されれば、贈与税課税や寄附金課税などの税務リスクを伴うことから、公正な立場から適正な評価額を算定するために不動産鑑定評価が必要となります。

▌不動産鑑定評価書のポイント

不動産鑑定評価書には次のような項目が記載されています。

（1）鑑定評価額

鑑定評価額が記載されます。

（2）対象不動産の表示

鑑定評価の対象となる物件が記載されます。所在や地番、地目、面積などの評価数量が記載されます。

（3）鑑定評価の条件・価格時点・実査日

①　鑑定評価の条件

存在する不動産について、そのままの状態で鑑定評価することが通常ですが、土地の上に存する建物を取り壊して売却することを想定している場合などについて、「更地として評価する」という条件を付す場合もあります。

② 価格時点

不動産の価格は変動することから、いつの時点の鑑定評価額であるかを決める必要があります。

③ 実査日

対象不動産の現況を確認することは非常に大切ですので実査日を記載します。実査を行わずに不動産鑑定報告書を作成することは不動産鑑定士の懲戒事項に該当します。

（4）依頼目的

鑑定依頼の目的が示されます。「売買の参考」、「担保提供」、「資産評価」などがあります。

（5）鑑定評価の価格の種類

不動産鑑定評価書に記載される価格は通常は「正常価格」ですが、鑑定評価の依頼目的や条件等により、限定価格、特定価格、特殊価格を求める場合があります。正常価格、限定価格、特定価格は市場性を有する不動産であることに対して、特殊価格は、市場性がない不動産の価格となります。

① 正常価格

合理的な市場において第三者間で売買される場合の適正価格です。

② 限定価格

例えば土地Ｙを所有するＡ氏が土地Ｙと隣接する土地Ｚを購入するとします。その購入後土地Ｙと土地Ｚを併合することにより間口が広がるなど、その併合地の価値が増加する場合においては、A氏以外の者が購入する場合の価格とA氏が購入する価格には差が生じることになります。このような場合には、A氏のみの限定的な価格となるわけです。

③　特定価格

民事再生法等の法令の要請があった場合など、早期売却により通常の売買よりも価格の減額がなされる場合等の価格です。

④　特殊価格

文化財等の指定を受けた建築物や宗教建築物など市場性を有しない不動産について保存等に主眼をおいた価格です。

（6）鑑定評価を行った年月日

鑑定評価を行った日が表示されます。

（7）不動産鑑定士との利害関係

不動産鑑定士や不動産鑑定業者と鑑定依頼者や鑑定対象不動産等との間に利害関係がある場合には、その内容を記載します。

（8）鑑定評価額決定の理由の要旨

鑑定対象不動産の状況を分析することにより、鑑定対象不動産がどのように利用されればもっとも有効であるかということを判定したうえで、より説得力のある鑑定評価方式により価格を算定します。

鑑定評価方式の種類

（1）取引事例比較法

評価対象の不動産に類似する取引事例から比較のための補正や修正を行うことなどにより価格を求める方法です。

（2）原価法

評価する不動産を現在取得した場合の再調達原価から時の経過による減価修正等を行うことにより価格を求める方法です。

（3）収益還元法

評価する不動産が将来生み出す収益価値に着目し、その将来収益を生み出すための元本の現在価値を評価不動産の価格であるとして求める方法です。

収益還元法にはDC法（DIRECT CAPITALIZATION、直接還元法）とDCF法（DISCOUNT CASH FLOW、割引キャッシュフロー法）があります。

① DC法（直接還元法）

DC法は、純収益（NCF）をキャップレートと言われる取引利回り（還元利回り）で除して不動産価格を求める方法で、以下の計算式で求めることができます。

計算式

不動産価格（V）	＝	純収益（NCF）	÷	キャップレート（取引利回り・資本還元率「R」）

DC法は、標準化された単年度の純収益（NCF）を使用するため次に説明するDCF法よりは計算が比較的簡便であるといえます。

② DCF法（割引キャッシュフロー法）

DCF法は、複数年度のキャッシュフロー（CF）をそれぞれ現在価値に割引換算した金額の合計額を不動産価格とする方法です。複数年度のキャッシュフローを計算要素とするため、賃貸収益を得られる期間に加えて、その不動産を売却する場合のキャッシュフローも含めて不動産価格を求める方法で、以下の算式で計算することができます。

計算式

$$\text{不動産価格(V)} = \frac{\text{1年目のCF}}{1+r} + \frac{\text{2年目のCF}}{(1+r)^2} \cdots\cdots\cdots$$

$$\cdots\cdots + \frac{\text{n年目のCF}}{(1+r)^n} + \frac{P}{(1+r)^n}$$

r：割引率
P：転売時の不動産売却価格
n：物件保有期間

不動産投資や取引のための判断指標　4

☑不動産投資では、表面利回り、実質利回り、NOI、NPV など場面に応じて様々な判断指標が使用される

不動産投資等には様々な判断指標があり、その指標を使う目的や使う人の立場や場面、その精度などにより異なりますので、それぞれの意味や使用する人や場面に適した指標を理解する必要があります。

表面利回り

表面利回りとは、年間に得られるであろう家賃収入が物件価格の何パーセントであるかを示すもので、次の算式により計算されます。

計算式

$$\text{表面利回り(\%)} = \frac{\text{年間家賃収入}}{\text{物件購入価格}} \times 100$$

例えば、物件価格が3,000万円であり、年間家賃収入が180万円（月額家賃収入15万円）と見込まれる場合には、180万円÷3,000万円＝0.06（＝6％）となります。

表面利回りで使用する数字は、年間家賃収入と物件購入価格という不動産物件購入のための広告やパンフレットに記載されている程度の、極めて表面的な内容に限られるため、投資や経営判断のために詳細に分析するための指標というよりも、物件概要を掴むための指標にとどまります。

実質利回り

実質利回りとは、年間に得られるであろう家賃収入から不動産賃貸のために想定される運営費（固定資産税、管理維持費、水道光熱費等）を差し引いた利益が、物件購入価格に物件購入諸費用を加算した物件取得費総額の何パーセントであるかを示すもので、次の算式により計算されます。

なお、この年間運営費には、大規模修繕費、減価償却費、借入利息、利益に課される税金などは含まれませんし、年間家賃収入の計算においても、あくまでも満室であった場合を想定していますので、「実質（利回り）」とはいっても、不動産購入後の「実際」の利回りとは異なるということに留意してください。

計算式

$$\text{実質利回り(\%)} = \frac{\boxed{\text{年間家賃収入}} - \boxed{\text{年間運営費}}}{\boxed{\text{物件購入価格}} + \boxed{\text{物件購入諸費用}}} \times 100$$

前述の表面利回りの例を使用して、年間運営費が40万円、物件購入諸費用が200万円であった場合の実質利回りを計算しますと、(180万円−40万円) ÷ (3,000万円＋200万円) ＝ 0.04375（＝4.375%）となり、表面利回りよりも利回りは低くなります。

NOI（NET OPERATING INCOME、営業純利益）

NOIとは、営業純利益のことで、年間家賃収入から運営費だけでなく空室損や家賃滞納損をも差し引いた金額となります。NOIの計算式は以下のとおりです。

計算式

NOI ＝ 家賃収入 － 空室損・家賃滞納損 － 運営費

NPV（NET PRESENT VALUE、正味現在価値）

NPVとは、将来得られるであろうキャッシュフローを現在価値に換算した金額の合計額から初期投資額を差し引いた金額を示すもので、これを算式にすると次のようになり、この金額がプラスとなる場合には投資に値する内容であると判断するものです。

計算式

NPV ＝ 将来得られるキャッシュフローの現在価値の合計額 － 初期投資額

「将来得られるキャッシュフローの現在価値の合計額」を計算式で表しますと、次のようになります。「r」とは、投資家が求める利回りを意味します。

将来得られるキャッシュフローの現在価値の合計額

$$\left\{ \frac{\text{1年目のCF}}{(1+r)} + \frac{\text{2年目のCF}}{(1+r)^2} + \cdots\cdots \frac{\text{n年目のCF}}{(1+r)^n} \right\}$$

例えば、投資家が求める利回り「r」が４％であれば、以下の計算式となります。

$$NPV = \frac{1年目のCF}{(1+0.04)} + \frac{2年目のCF}{(1+0.04)^2} + \cdots\cdots \frac{n年目のCF}{(1+0.04)^n} - \boxed{初期投資額}$$

NPVは、Excelなどの表計算ソフトで「NPV関数」を使用することにより求めることができます。

IRR(INTERNAL RATE OF RETURN、内部収益率)

IRRはNPVがゼロとなるための「率」のことをいいます。IRRを求めるためのいわゆる「公式」というものはなく、初期投資額と各年のキャッシュフロー額と投資期間を設定し、前述のNPVの算式にあてはめ、その値がゼロとなるように、いわば試行錯誤して調整しながら率を導き出します。

実務では、Excelなどの表計算ソフトで「IRR関数」を使用することにより求めることができます。

IRRは次のようなケースでの意思決定に利用します。

・IRRが調達金利よりも上回れば投資メリットあり

・IRRが期待利回り（NPVの「r」）よりも上回れば投資メリットあり

・不動産投資以外の投資商品や投資案件のIRRと比較し投資対象を選定する

LTV（LOAN TO VALUE、借入比率)

LTVは、購入する不動産価格に対する借入金の比率をいいます。例えば１億円の不動産物件を8,000万円の借り入れと自己資金2,000万円で購入する場合のLTVは80％となり、次の算式で計算できます。

計算式

$$\text{LTV} = \frac{\text{借入金}}{\text{不動産価格}} \times 100$$

一般的には、LTVは80%〜90%とされることが多いようですが、投資家の財産状況や不動産物件によっては、「フルローン」といって不動産価格の全額の融資を受けることができる場合もあります。フルローンの場合のLTVは100%となります。

DCR（DEBT COVER RATIO、負債支払安全比率）

DCRは、次の算式で計算され、営業純利益（NOI）が借入金元本と借入金利息の支払合計額の何倍であるかを示したもので、この値が大きいほど借入金元本と利息の返済のためのキャッシュに余裕があることを示しています。

計算式

$$\text{DCR} = \frac{\text{営業純利益(NOI)}}{\text{借入金返済元本} + \text{借入金返済利息}} \times 100$$

デッドクロス

デッドクロスとは、借入金の元本返済額が減価償却費よりも大きくなるポイントのことで、減価償却費の額よりも借入金の元本返済額が大きくなることにより、資金繰りの負担が重くなっていることをいいます。

土地は減価償却を行わないため、減価償却の対象となるのは建物、建物附属設備、構築物です。これらの資産を平成28年（2016年）4月1日以降に取得した場合の減価償却方法は定額法となるわけですが、デッドクロスポイントを超えることで資金繰りの負担が重くならないためには、減価償却費の範囲内で借入金の元本返済を行うことです。借入金の返済方法は元金均等返済と元利均等返済がありますが、元利均等返済は、返済が進むにつれて利息額よりも元金返済額の方が大きくなるので、デッドクロス状態となりやすいといえます。

登記簿とは　1

☑登記簿は表題部と権利部に分かれており、権利部はさらに甲区と乙区に分かれている

登記簿とは、土地や建物の不動産の権利関係が記載されているもので、表題部と権利部に分かれており、権利部はさらに甲区と乙区に分かれています。

表題部

（1）土地

土地の表題部には、所在、地番、地目、地積、原因及びその日付（登記の日付）などが記載されます。所在は、「○○区○丁目」のように○丁目までの記載、または「○○町　字（あざ）○○」となり、その先の所在の特定には「地番」により表示されます。

実務で注意すべきは、市街地では地番と住居表示（住所）は異なる地域が多いということです。所有者の住居表示だけを聞いて土地の登記簿謄本（全部事項証明書）を取得しようとしても、登記簿謄本の取得はできませんので、所在地の地番を所有者に確認するか、法務局または登記情報サービスなどを利用して住居表示から地番を特定し（地番から住所を特定するサービスはありません）、その地番で登記簿謄本を取得します。

また、登記の日付は、登記簿に記載された日が記入されるもので、登記申請の日ではありません。登記事項に変更等があった場合には、変更前の記載事項には下線が引かれ、変更後の新しい記載事項は、変更前の行の下に新たな行が設けられ記載さ

れます（権利部に変更等が生じた場合も同様です）。

（2）建物

建物の表題部には、所在、家屋番号、種類、構造、床面積などが記載されています。建物の「所在」は、「○○市○丁目○番地○○」まで記載されます（土地の表題部は○丁目まで）。

なお、分譲マンションなどの「区分建物」の場合は、表題部が2つに分かれていて、上段には建物の全体に関する記載事項として「一棟の建物の表示」とその敷地の全体である「敷地権の目的である土地の表示」が記載されます。次に、その区分（1世帯分）を所有する各個人の建物として「専有部分の建物の表示」と「敷地権の表示」として全体の敷地権のうちに占める各個人の所有する床面積に相当する割合が記載されます。

■権利部・甲区

（1）概要

権利部の甲区は、所有権に関する登記事項が記載されます。所有権に関する登記事項には、売買、相続、贈与などで所有者が変わった場合の所有権移転登記のほか、税金を滞納している際に税務署や地方公共団体などがその不動産の売却代金から税金の回収を行う場合などの差押登記などもこの欄に記載されます。

（2）所有権の単有と共有

その不動産を1人で所有する場合を「単有」、2人以上の複数で所有することを「共有」といいます。共有の場合には、各人が有する権利の割合を「持分」として記載されます。共有となっている不動産の処分については、その持分を自由に譲渡することができますが、譲渡の際には共有者全員の合意が必要となります。

▌権利部・乙区

（1）概要

権利部の乙区には、不動産担保の際の抵当権、根抵当権などが記載されます。不動産担保とは、金融機関等が融資を行う際に、その融資額の弁済を受けることができなくなった場合に備えて、その不動産の処分に関する権利を確保する手段です。つまり、「借金を弁済できなくなったら不動産を取り上げるよ」というものです。

（2）抵当権

抵当権とは、土地の所有者であり担保提供者でもある債務者に、その担保として提供した不動産の使用収益権を残したままとしておき、債務不履行の場合には債権者である金融機関等（抵当権者といいます）は、担保物である不動産を競売等により換金し、優先的に債務の弁済に充てることができる権利です。

（3）根抵当権

企業が金融機関から頻繁に融資を受け、短期で返済することが繰り返される場合に、その都度融資の時に抵当権を設定し、返済とともに抵当権を解消することは非常に煩雑です。そこで、継続的に融資及び返済が繰り返されると予想される場合には、あらかじめ担保である不動産が負担すべき極度額といわれる最高限度額を設定し、将来発生する一定範囲の債権をその最高限度額の範囲内で担保する抵当権をいいます。

公図・地積測量図とは　2

☑公図の精度はあまり高くないが、地積測量図の精度は高い

一般的に実務で「公図」と呼ばれているものは、不動産登記法14条４項に規定されている「地図に準ずる図面」のことをいい、その精度はあまり高くありません。

それに対し、地積測量図は、土地の分筆等の際に、実際に測量して法務局に届け出るものですから、精度は高いといえます。

公図

不動産登記法14条では、国土調査等による精度の高い地積図等の図面である「地図」及び建物所在図を登記所に備え付けるものとしていますが、全国の登記所においてこの精度の高い「地図」が備え付けられているわけではありません。この「地図」が整備されていない土地については、整備されるまでの間は、明治時代の地租改正に伴い作成された「地図に準ずる図面」が登記所に備え付けられており、実務において公図と呼ばれているものの多くはこの「地図に準ずる図面」のことを指しています。

また、「地図に準ずる図面」は、徴税の参考資料として作成されたことから、徴税を多くするために実際よりも大きい面積により作成された（縄延び）ことや、また、その逆で実際よりも少ない面積により作成された（縄縮み）ものもあったようで、面積、土地の形、位置などが実際のものと図面では異なるものもあります。

実際に筆者が携わった例として図表６のようなものがありま

す。国土交通省のホームページにおいて、現況と公図のズレがある地域について公表されています。

図表6　現況と公図のズレ

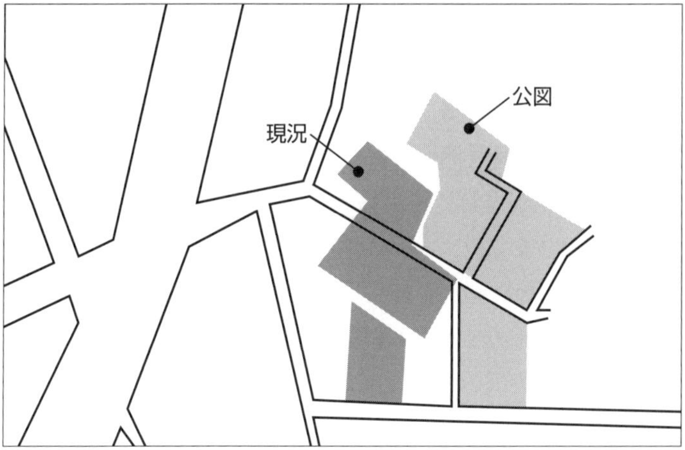

「都市再生街区基本調査及び都市部官民境界基本調査の成果の提供システム」（国土交通省）
http://gaikuchosa.mlit.go.jp/gaiku/index.html
「公図と現況のずれQ&A」（国土交通省）
http://gaikuchosa.mlit.go.jp/gaiku/html/info4.html

地積測量図

地積測量図は、土地の分筆等の登記申請の際に登記所に提出されるもので、面積、土地の形、位置等を正確に測量されたものです。この地積測量図は、昭和35年４月以降に分筆等された土地には存在しますが、それ以前に分筆された土地等については存在しないことから、すべての土地に地積測量図があるというわけではありません。

権利証・登記識別情報とは　3

☑それを持っていることでその不動産の登記名義人本人であることを証明する書類として、かつて権利証が使われていた
☑権利証に代わるのが登記識別情報である

権利証は、それを持っていることでその不動産の登記名義人本人であることを証明する書類で、正式には登記済証のことをいいます。権利証は、平成17年3月施行の不動産登記法により廃止となりました。

その廃止された権利証に代わるものが登記識別情報です。登記識別情報はその不動産の名義人に対して法務局から通知されます。

■権利証

権利証とは、登記完了後に登記名義人に対して発行される登記済証のことをいいます。権利証を持っていることで、その不動産の登記名義人であることを証明できますので、不動産に関する登記申請の際に、権利証を提出することにより、登記名義人であるかどうかの本人確認をしていたわけです。

この権利証の制度は、平成17年3月施行の新たな不動産登記法により廃止され、権利証の交付に代わって登記識別情報が通知されることになりました。しかし、権利証の制度が廃止されたからといって従前の権利証の効力がなくなるわけではなく、不動産登記に関する申請においては、その権利証を法務局に提出します。

仮に権利証を紛失した場合に、権利証がないからといって不

動産の売買等ができないわけでなく、また、その不動産に関する権利がなくなるわけでもありません。権利証は再発行こそされませんが、一定の手続きをすることにより、不動産登記の申請を行うことは可能です。

登記識別情報

登記識別情報とは、平成17年３月施行の新たな不動産登記法により、権利証に代わって導入された不動産の登記名義人であることを証明する通知制度です。

不動産の登記が完了すると、法務局から不動産の登記名義人に対して、12桁の英数字の組み合わせ（パスワードのようなもの）が記載された書類が発行されます。このパスワード記載部分は目隠しの加工が施されており、このパスワードを知っていることが登記名義人本人であることの証明となります。

【登記識別情報の例】

登記識別情報通知

次の登記の登記識別情報について、下記のとおり通知します。

【不動産】
大阪市中央区上町一丁目４番８の土地

【不動産番号】
１２０００００００９９５９５
【受付年月日・受付番号（又は順位番号）】
平成２７年1月１５日受付　第７３号
【登記の目的】
所有権移転
【登記名義人】
大阪市中央区上町一丁目１００番地
法務花子

（以下余白）

＊下線のあるものは抹消事項であることを示す。

平成２７年1月１６日
大阪法務局
登記官　　大阪登記官一郎　みほん 電子公印

記
登記識別情報

4	4	A	T	3	W	P	3	7	X	C	N

不動産購入時に授受される金銭　1

☑契約締結前・締結時・締結後・不動産引渡時など、様々なタイミングで金銭の授受が行われている

不動産購入の際に授受される金銭については、その取引における それぞれの段階によって次のようにその呼称や金銭の性質も変わってきます。

〔契約締結前〕　申込金、予約金、手付金、内金など

〔契約締結時〕　手付金、内金など

〔契約締結後引渡しに至るまでの期間〕　内金、中間金など

〔引渡時〕　決済代金、残代金、最終支払代金

契約締結前に授受される金銭

契約締結前に授受される金銭は、マンションのモデルルームや分譲地の見学の際に、購入希望の意思表示や人気物件である場合などにおいて優先的な交渉権を得るための手段として、申込金、予約金、などの名目で購入希望者が販売業者などに支払う金銭です。通常は、その支払った金銭は、後日契約締結の際の手付金や内金あるいは決済代金等に充当され、また、仮に契約締結に至らない場合でも返金される性格のものが多く、後述する契約締結時の手付金とは異なる性格の金銭です。

契約締結時に授受される金銭

契約締結時に授受される金銭としては、手付金があります。手付金は、購入希望者が売主に購入の意思表示として、物件価額の10％前後の代金を支払うものです。売買契約締結をした

後に、買主の都合により契約を解除する場合には、買主が支払った手付金は売主に没収され（手付金放棄）、また、その逆に売主の都合により、契約を解除する場合を「手付金倍返し」などと呼ばれ、買主が支払った手付金を返金したうえに、その手付金と同額を買主に支払うこととなります。

契約締結後から引渡し前までに授受される金銭

不動産物件の場合は、契約締結後から物件引渡しまでの期間が長期に渡ることがあるので、その間の建築工事費用や登記費用などに充当するために、売主または建築請負業者等から売買代金の一部の負担を求められることがあります。これらは一般的に、「内金」や「中間金」などと呼ばれ、最終的には売買代金の総額に充当されるものです。買主としては、これら内金や中間金の支払いがない方が安心といえます。

引渡時に授受される金銭

不動産物件の引渡しとは、不動産の名義書き換え行為である所有権移転登記を行うことによって成立するものですが、その所有権移転登記の際に買主は売主に対して、売買代金から内金や中間金等を差し引いた残額の支払いをします。この際に、契約締結時に支払った手付金も売買代金に充当されることが多いです。これら物件の引渡しと残額の支払いは、通常金融機関において、所有権移転登記に携わる司法書士立ち合いのもとに行われます。

ローン特約とは　2

☑ローン特約とは、融資が実行されないことにより、買主が売買契約を解除せざるを得ない場合に、買主が支払った手付金を没収されることなく、契約をなかったものとする取り決めのこと

概要

買主の都合により契約を解除する場合には、契約時に支払った手付金を放棄することが原則ですが、買主が不動産物件の購入を融資による資金でまかなおうとしていた場合に、融資が実行されなかったことにより、やむなく契約を解除する場合においては、買主が支払った手付金を没収されることなく、契約がなかったものとされる特約をいいます。

留意点

このローン特約を付す際の留意点としては、以下のことを挙げることができます。

(1) 融資申し込みの金融機関を限定すること

ローン特約を付す場合においては、その申込対象となる金融機関を限定し、契約書面に記載しておくべきです。金融機関の記載がない場合における買主のリスクとしては、融資が実行されるまで金融機関との交渉を次々に続けなければならないなどがあります。また、逆に売主側においては、融資の実行可能性が低い買主の融資に応じてくれる金融機関が現われるまで不動産物件の引渡しをすることができないなどのリスクが生じます。

（2）ローン特約により契約を解除できる期限を明確にすること

契約解除ができる期限を決めておくことは、前述（1）と同様に買主、売主の双方にとって必要なことです。通常ローン特約は、買主のために付される特約ですが、売主を保護するためのものとなる場合もあります。

瑕疵担保責任とは　3

☑瑕疵担保責任とは、売買される不動産物件に雨漏り、シロアリによる害など、買主が知りえない瑕疵があった場合に、売主が買主に対して負わなければならない責任をいう

瑕疵担保責任（かしたんぽせきにん）とは、売買される不動産物件に雨漏り、シロアリによる害、建物の腐食、給排水管の故障、地中に産業廃棄物などが埋没していた場合などに、売主が買主に対して修復などにより負わなければならない責任のことです。

瑕疵とは、キズや欠陥のことで、売買される不動産物件に雨漏り、シロアリによる害、建物の腐食、給排水管の故障、地中に産業廃棄物などが埋没していた場合など、買主が通常の注意を払っても知りえない物的な瑕疵だけでなく、いわゆる事故物件なども含まれます。

なお、外観から明らかに瑕疵がわかる場合や、売主が事前に買主に瑕疵の存在を明らかにしていた場合については、売主は責任を負う必要はありません。

したがって、売主の立場においては、売買交渉を有利に進めるためにも、瑕疵はなるべく買主に知られたくないという心理が働くものですが、後日のトラブルを考えますと、知っていることは事前に開示することが得策といえます。

危険負担とは　4

☑売買契約時から引渡しまでの間に、天災などにより不動産物件が滅失等した場合には、売主がその負担をすることが通常となっている

不動産物件の売買契約後、引渡しまでの間に天災などにより不動産物件が滅失等した場合においては、その滅失等は売主と買主どちらの責任でもありませんが、どちらかが責任を負わなくてはなりません。

不動産取引においては、不動産物件という売買目的物の性格上、その引渡し直前まで売主が使用収益を行っている場合などが多いことから、不動産実務においては、その責任（危険負担）は売主にあるとして、不動産売買契約書が取り交わされています。

引渡し手続きの進め方

5

☑不動産の引渡し手続きは、物件の引渡し行為に加えて所有権移転登記を行うことにより完了する
☑買主は、決済代金の支払いをもって引渡しを受ける

不動産物件の売買による引渡し手続きの多くは、金融機関等に売主、売主の抵当権者（売買物件に抵当権が設定されている場合）、買主、買主の抵当権者（買主が抵当権を設定する場合）、司法書士が一同に会することにより行われます。

（1）買主の引渡し手続き

買主は、購入代金を売主に支払い、売主から所有権移転登記書類の交付を受けることにより完了しますが、購入代金を融資によりまかなう場合には、金融機関から購入代金の融資を受けた後に、売主に代金を支払い、購入する不動産物件に抵当権を設定します。

（2）売主の引渡し手続き

売主は、買主から売買代金の着金を確認した後に、所有権移転登記書類を買主に交付します。その不動産物件に抵当権が設定されている場合には、その抵当権を抹消する必要がありますので、買主から支払いを受けた代金をもって抵当権者に残債を返済し、抵当権者から抵当権抹消登記書類の交付を受けます。

所有権の移転時期はいつ？　6

☑不動産物件の所有権の移転は、売買代金の決済が完了し、所有権移転登記書類が売主から買主に交付された時
☑税務上の譲渡日は、原則として不動産物件の引渡し時だが、契約締結日とすることもできる

▌不動産売買実務での所有権移転時期

不動産の所有権の移転時期については、所有権移転登記書類が売主から買主に交付された日とされ、不動産売買契約書においては、「買主が売買代金全額を支払い、売主がこれを受領した時に売主から買主に移転する」などと記載されることが一般的です。

▌税務実務における所有権移転時期

不動産売買実務においては、不動産物件の所有権が確実に移転されれば、その所有権の移転時期がいつであるかはあまり重要なことではありませんが、税務実務においては、その所有権移転時期がいつであるかによって、譲渡所得税の税率など税務上の取り扱いが変わってきます。

（1）所有権移転時期

所有権移転時期は、売主にあっては、その資産の引渡しがあった日によることとされていますが、納税者の選択により、その資産の譲渡に関する契約効力発生の日、つまり契約締結時とすることも可能です（所基通36-12)。

また、買主にとっての所有権移転時期についても、売主と同

様であるとされています（所基通33- 9）。

取得の日から譲渡した年の1月1日時点で所有期間が5年超であれば長期譲渡所得の低い税率が適用されることから、税務実務においては、その不動産物件をいつ取得し、いつ譲渡したかによって、その譲渡所得税に影響を与える場合がありますので、その判定は重要なポイントとなります。

（2）所有権移転時期の選択

所有権移転時期は、引渡しの日または契約締結時のいずれかを選択することができることは前述のとおりです。通常、不動産物件の購入から譲渡までの一連の流れとしては、「①購入不動産の売買契約締結→②購入物件の引渡しを受ける→③譲渡不動産の譲渡契約締結→④譲渡不動産の引渡し」の順で行われますので、一般的には納税者にとって有利な選択は、①購入不動産の売買契約締結時を取得の日とし、④その資産の引渡しの日を譲渡日とすることが所有期間を最も長くすることができるため有利となります。

都市計画区域とは　7

☑都市計画区域とは、一体の都市として総合定期に整備等する必要があるとして指定された区域のこと

都市計画区域

都市計画区域とは、都道府県が市または人口、就業者数その他の一定の要件に該当する町村の中心の市街地を含み、かつ、自然的及び社会的条件等一定の事項等を勘案して、一体の都市として総合的に整備等する必要があるとして指定された区域のことをいいます（都市計画法５）。

都市計画区域では、建築基準法等による接道義務のほか、建ぺい率や容積率などの規制が適用されます。

なお、都市計画区域外の郊外などに大規模な商業施設等が開発されるようなケースでは、準都市計画区域として都道府県が指定することができます。

市街化区域・市街化調整区域

都市計画区域は、市街化区域と市街化調整区域に分かれています。

（1）市街化区域

市街化区域は、すでに市街地を形成している区域及びおおむね10年以内に優先的かつ計画的に市街化を図るべき区域です（都市計画法７②）。

（2）市街化調整区域

市街化調整区域は、市街化を抑制すべき区域（都市計画法７

③）ですので、商業施設や建物の建築が規制されています。従いまして、市街化調整区域の土地を購入する場合にはその用途に制限がありますので、注意が必要です。

建ぺい率・容積率とは　8

☑建ぺい率とは、敷地面積に占める建物面積の割合のこと
☑容積率とは、敷地面積に占める建物の延べ床面積の割合のこと

建ぺい（蔽）率

建ぺい率は、次の算式により計算します。

計算式

$$\text{建ぺい率}(\%) = \frac{\text{建築面積}}{\text{敷地面積}} \times 100$$

建ぺい率とは、敷地面積のうちに占める建築面積の割合のことで、建物が土地を蔽（おお）う割合をいいます。建ぺい率が高いほど、敷地面積いっぱいに建物を建築することができ、逆に建ぺい率が低いほど、土地全体のうちに占める建物以外の土地部分が多いことを示しています。

なお、建ぺい率には、その制限がない地域（敷地いっぱいに建物を建築することができます）や、建ぺい率の割増がある地域等があります。

容積率

容積率は、次の算式により計算します。

計算式

$$\text{容積率}(\%) = \frac{\text{建物延床面積}}{\text{敷地面積}} \times 100$$

容積率とは、敷地面積のうちに占める建物延床面積の割合のことで、容積率が高いほど階数の多い建物を建築することがで

きます。例えば容積率が400％という地域であれば、100㎡の土地に４階建ての建物を建築できることに対し、容積率200％という地域なら、同じ敷地面積でも２階建の建物までしか建築できません。

なお、建物の階数（高さ）に関する制限としては、斜線制限や日影規制のほか、地域による高さの制限などがあります。

道路には様々な規制がある 9

☑都市計画区域では、一定の道路に接していないと建物を建築することができない

接道義務

建築基準法においては、一定の道路に接していないと建物を建築することができません。これを接道義務といいますが、具体的には、原則として幅員４ｍ以上の道路に２ｍ以上接している必要があります。

建築基準法が定める道路

建築基準法が定める道路とは次のような道路をいいます。

① 道路法による道路で幅員４ｍ以上のもの（建築基準法42①一）

② 位置指定道路

特定行政庁から道路としての位置の指定を受けた幅員４ｍ以上の私道（建築基準法42①五）をいいます。

③ ２項道路

建築基準法が施行された日その他一定の日において、現に建築物が立ち並んでいる幅員４ｍ未満の道で、特定行政庁が指定した道は、建築基準法が定める道路とみなし、その道路の中心線から２ｍ後退（セットバック）させた線を敷地と道路の境界線とします。この場合、建物を建て替える際には、建物の外壁は、そのセットバックさせられた境界線を越えてはいけません。

このセットバックの規定は、建築基準法42条２項に規定されているので、「２項道路」と呼ばれています。

賃貸借契約時に授受される金銭　1

☑敷金、保証金、礼金、仲介手数料、家賃保証会社への保証料など、契約書によって異なる

　賃貸借契約の際に授受される金銭は、敷金、保証金、礼金、仲介手数料、家賃保証会社への保証料など、それぞれの賃貸借契約書によって、その名目や内容が異なりますので、契約時の金銭の授受の項目及びその内容を理解しておく必要があります。

　賃貸借契約時に授受される金銭について、それぞれの項目ごとに家主側と賃借側の税務上の取り扱いについて解説します。

■ 敷金（保証金）

（1）概要

　敷金とは、賃借人が家主に賃料を支払わない場合などの債務不履行が生じた場合において、その賃料相当額を敷金から充当するために、家主が預かる金銭です。従いまして、賃借人において、債務不履行が生じなかった場合には、基本的には賃借人が支払った敷金は全額返還されます。

（2）敷金の償却（敷引き）がある場合の税務上の取り扱い

①　家主側の税務処理

　賃貸借契約書において、解約時や契約更新時に「敷金を20％償却する」などの記載がある場合には、その償却される金額は、家主にとっては収益となるため契約時に償却相当額を収益計上します（法基通2-1-41）。

②　賃借側の税務処理

　賃借人においては、その償却される金額は税法上の繰延資産

となり、原則として５年間で償却しますが、その契約期間が５年未満であり、契約の更新時に再び敷金等を支払うことが明らかであるときは、その契約期間で償却します（法法32、法令14、64、法基通８-１-５、８-２-３）。

なお、その繰延資産の金額が20万円未満であり、その支出する日の事業年度に損金経理をしたときは、その金額を損金計上することができます（法令134）。

▌礼金

礼金とは、賃借人が家主に対して家を貸してくれるお礼として支払っていたことが慣習化されたもので、家主が受け取った礼金は、受取時に収入として計上することに対し、賃借人は、前述の敷金の償却と同様に繰延資産として計上し、５年あるいは一定の場合にはその賃借期間で償却します。

▌仲介手数料

仲介手数料は、不動産仲介会社が賃貸物件を紹介及び仲介等をしてくれたことに対する手数料で、賃貸借契約時には、賃借人はその支払い時に損金または必要経費とします。

▌家賃保証会社への保証料

賃貸借契約を行う場合に、賃借人が賃料を支払わないなどの債務不履行が生じた場合に備えて、家主から連帯保証人を立てることを求められますが、連帯保証人を立てることに代えて家賃保証会社に保証料を支払うことを求められることがあります（場合によっては、連帯保証人を立てたうえで家賃保証会社に保証料を支払うことを求められることもあります)。

賃借人が家賃保証会社に保証料を支払うことにより、賃借人に債務不履行が生じた場合には、家賃保証会社が賃借人に代わって家主に家賃を立替え、その後家賃保証会社は賃借人に立替えた家賃を請求するというものです。

この場合の賃借人が家賃保証会社に支払う保証料は、支払手数料などとして計上します。また、この支払手数料の支払いについての消費税の取り扱いは、信用の保証としての役務の提供ですから非課税取引となります(消法6①、消法別表第1三)。

土地・建物の多様な権利関係と価値の違い 1

☑土地や建物は、所有者や契約の形態、利用方法によって、呼び方や財産としての価値が異なる

土地や建物は、誰の所有であるか、また、その土地や建物を誰がどのような契約で利用しているかその利用方法によって、その土地や建物の呼び方や財産としての価値が異なります。それら権利関係や利用の状況に応じた代表的なものとして、土地については、①更地、②借地権、③底地、④貸家建付地、⑤貸家建付借地権などがあり、建物については、①自用家屋、②借家、③貸家などがあります。

土地の分類及び価値

（1）更地

所有者の土地でその土地に建物や敷設物等他人が使用できる権利等の設定がなされていないものをいいます。所有者が自由に使用及び処分等をできることから、以下（2）～（6）に分類される土地と比較しますと、取引価格や相続税評価額等の経済価値においても最も高額となります。

（2）自用地（建付地）

所有者の土地の上に、所有者が使用する自宅などの建物が建てられている土地です。土地と建物の所有者が同一ですから使用の自由度はありますが、売却等の処分の際には、建物が存在

する分だけその自由度が制限されることとなり、取引価格に影響を与えます。

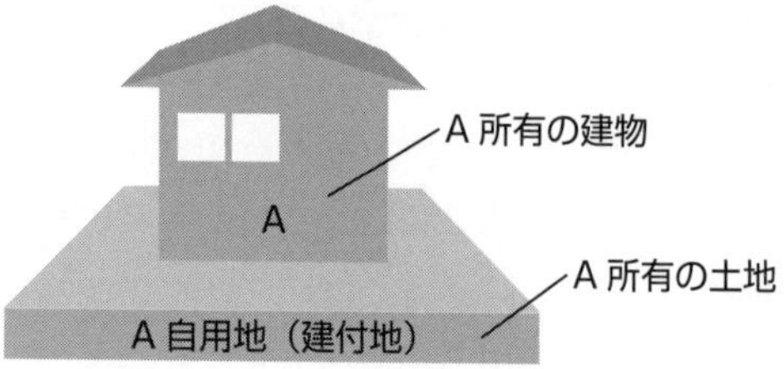

（3）借地権

自分の建物を建てる目的で、土地の所有者（地主）に地代を支払い、土地を借りている場合の、他人の土地に対する自分の権利をいいます。

土地の所有は自分のものではありませんので、その処分に関する自由度はありませんが、借地人がその土地を借りることができる権利は法的に強く守られており、地主において借地権契約を更新しないための相当の理由があると認められない限りは、借地人は継続してその土地を使用することができます。ですので、その土地に関する経済価値は、地主における経済価値よりも高くなることが多く、地域により異なりますが、更地の60%～80%相当額の価値があるとされています。

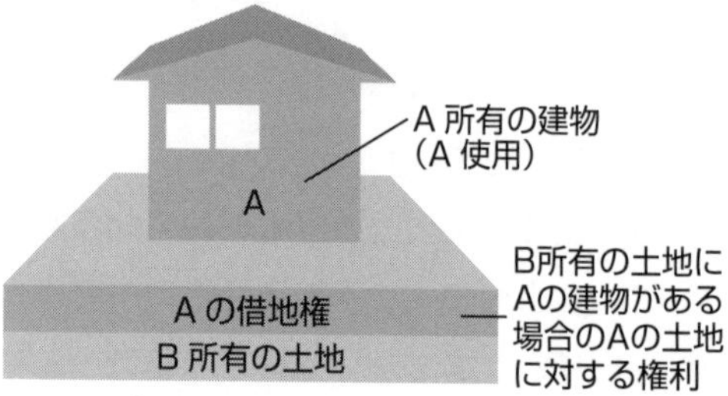

（4）貸宅地（底地）

自分の所有する土地に、他人が建物を建てて他人が使用している場合の、借地権が設定されている土地をいいます。

土地の所有者は自分ですが、他人の建物があり他人が使用していますので、その使用及び処分の自由度は極端に制限されます。ですので、土地の経済価値としては、理論上は、更地価額から借地権価額を差し引いた金額となりますが、必ずしも更地価額＝借地権＋貸宅地となるわけではありません。

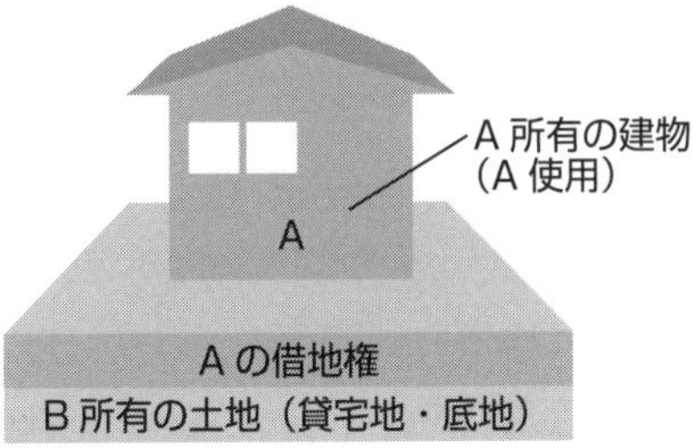

（5）貸家建付地

自分の所有している土地に自分が建物を建て、貸家、貸アパート、賃貸マンションなどとして、その建物を他人に賃貸している場合の土地です。

自分の土地に自分が所有する建物があるという点では、（2）の自用地と同じですが、その建物を他人に貸していることから、仮に建物を建て替える場合などにおいては、入居者に立ち退きを依頼しなくてはならず、自分自身が使用しているよりもその使用や処分については制限を受けることとなります。

そのため相続税計算上の評価額としては、地域にもよりますが、自用地としての評価額から2割程度減額された評価額で計算されます。なお、売買での取引価格については、その建物の賃貸収入の収益性や建物の資産価値によっては、建物が建ったままの状態で収益物件として売却したほうが高く売却できる場合もあります。

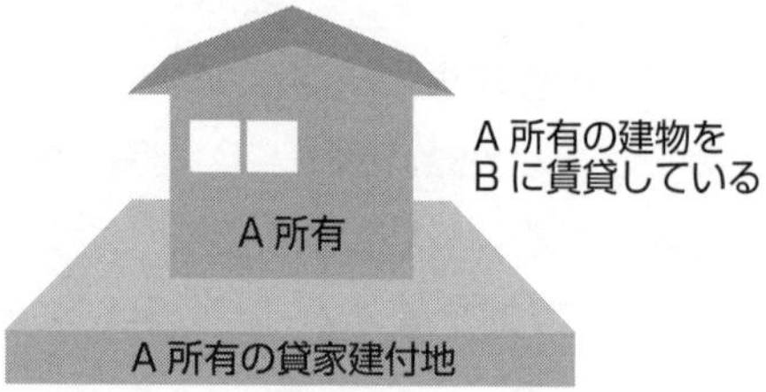

（6）貸家建付借地権

貸家を建てる目的で土地の所有者から土地を借りた場合の、他人の土地に対する自分の権利をいいます。

土地の所有者に地代を支払うことは、（3）の借地権と同じですが、建物に他人が入居することから、その使用には借地権よりも制限を受けることになりますので、借地権の経済価値よりも低くなり、相続税評価額においては借地権の評価額から2割程度減額された評価額で計算されます。

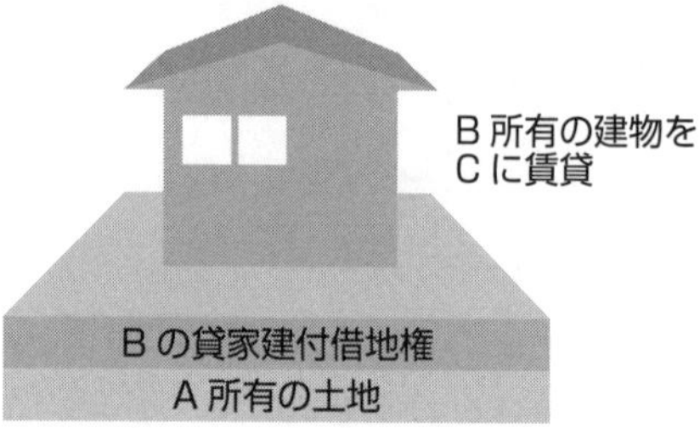

建物の分類及び価値

(1) 自用家屋

自分が所有する建物のことです。相続税評価額では、その建物の固定資産税評価額に1.0を乗じた価額により評価されます。

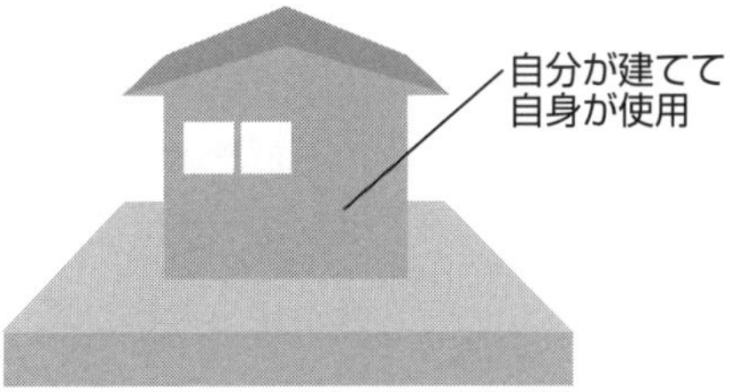

(2) 貸家

自分が所有する建物を他人に貸す場合のその建物のことをいいます。他人が入居しますので、自分が使用する場合よりもその使用及び処分に制限を受けます。

その他人が使用する権利を借家権といい、借家権の相続税評価においては、その建物のある地域にもよりますが、その建物の固定資産税評価額の30%とされるため、借家権相当額を差し引いた残りの70%相当額が貸家の評価額となります。

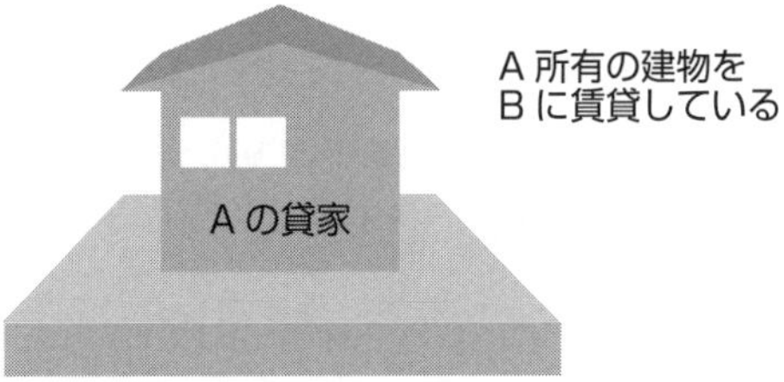

借地権とは　2

☑借地権には、旧借地法による借地権と平成４年施行の借地借家法による借地権がある

借地権とは、自分の建物を建てる目的で、土地の所有者（地主）に地代を支払い、土地を借りている場合の、他人の土地に対する自分の権利をいいます。

借地権には、旧借地法による借地権と平成４年８月１日に施行された借地借家法による借地権（普通借地権と定期借地権）があります。ここでは旧借地法による借地権（以下、旧借地権といいます）と借地借家法施行後の普通借地権について解説します。

■旧借地権

（1）概要

平成４年８月１日に施行された借地借家法以前からある旧借地法による借地権のことを「旧借地権」と呼ぶこととしますが、この旧借地権は、借地借家法施行後においても契約期間満了後も契約更新可能な普通借地権として存在しています。

（2）当初の契約期間

①　法定契約期間

旧借地権の当初の契約期間は、鉄筋コンクリートなどの堅固な建物の場合は60年、木造などの非堅固な建物の場合は30年と決められています。なお、契約期間を定めなかった場合や法定契約期間よりも短い契約期間である場合には、法定契約期間の堅固建物60年、非堅固建物30年とされます。

② 合意契約期間

契約当事者の合意により、法定契約期間と異なる契約期間とした場合には、堅固建物30年以上、非堅固建物20年以上であれば、それら契約期間によることができます。

（3）更新後の契約期間

更新後の契約期間（更新期間）については、法定更新期間として堅固建物30年、非堅固建物20年となります。この法定更新期間よりも長い期間で更新契約をした場合には、その長い期間が認められ、法定更新期間よりも短い期間で更新契約をした場合には、法定更新期間とされます。

普通借地権（借地借家法施行後）

（1）概要

平成４年８月１日施行の借地借家法以後の借地権で、定期借地権でない借地権、すなわち借地権契約の更新が可能な借地権のことを「定期」借地権と区別して「普通」借地権と呼んでいますが、借地借家法に「普通借地権」という用語があるわけではありません（「定期借地権」という用語はあります）。

（2）当初の契約期間

旧借地法で区分されていた堅固建物・非堅固建物という区分をせずに、すべての建物について契約期間は30年とし、これよりも長い期間を定めた場合にはその期間によります。

（3）更新後の契約期間

更新後の契約期間については、初回更新と２回目以降の更新ではその期間が異なります。

初回更新では更新期間は20年となり、２回目以降の更新では更新期間は10年とされています。それぞれこれらの更新期間よりも長い期間を定めた場合には、その期間によります。

定期借地権とは

3

☑定期借地権は、一般定期借地権、事業用定期借地権、建物譲渡特約付借地権がある

定期借地権は、平成４年８月１日施行の借地借家法により創られた制度で、契約期間満了とともに更新されることなく契約が終了する借地権です。定期借地権は、一般定期借地権、事業用定期借地権、建物譲渡特約付借地権があります。

一般定期借地権（借地借家法 22）

一般定期借地権というものの、条文には「一般」という記載はなく、単に「定期借地権」と書かれています。後述する事業用定期借地権や建物譲渡特約付借地権ではない一般的な定期借地権という意味で、一般定期借地権と呼ばれています。

一般定期借地権は契約期間が50年以上のもので、次のような特約を定めることができます。なお、次の特約をする場合には、契約は書面により行う必要があります。

・契約の更新をしない
・契約期間中に建物を再建築した場合等においても契約期間の延長がない
・借地人は地主に対し建物の買い取り請求をしない

また、事業用定期借地権のように借地人が建築する建物の用途に制限はありません。

事業用定期借地権（借地借家法 23）

事業用定期借地権は、借地人が建築する建物が専ら事業の用

に供するためのものであり、居住用建物は除かれます。なお、事業用定期借地権は、長期用と短期用の２種類がありますが、いずれの契約も公正証書により行う必要があります。

（1）長期用

長期用の事業用定期借地権は、契約期間が30年以上50年未満のもので、次のような特約を定めることができます。

・契約の更新をしない
・契約期間中に建物を再建築した場合等においても契約期間の延長がない
・借地人は地主に対し建物の買い取り請求をしない

（2）短期用

短期用の事業用定期借地権は、契約期間が10年以上30年未満のもので、次の内容によるものです。

・契約の更新をしない
・契約期間中に建物を再建築した場合等においても契約期間の延長がない
・借地人は地主に対し建物の買い取り請求をしない

▌建物譲渡特約付借地権（借地借家法 24）

建物譲渡特約付借地権は、その契約時に、その借地権設定後30年以上経過した日に借地人が建築した建物を地主に譲渡する旨の特約が付されたものです。

その特約により建物が借地人から地主に譲渡された時点で、建物と土地の所有者が同一になることから、借地権は消滅することとなります。

なお、この契約は書面によって行われればよく、借地人が建築する建物の用途は問われません。

借地権は売買できる？ 譲渡価額は？ 4

☑借地権は地主、借地権者の親族、第三者に譲渡できる
☑譲渡価額は、これら譲渡先が地主か第三者かによっても異なる

借地権の譲渡

（1）地主への譲渡

借地権の契約期間が満了した場合、あるいは、借地権者に相続が発生し、その建物に住み続ける人がいなくなる場合などにおいて、借地権者または借地権者の相続人が借地権をタダで地主に返還するものと思っている人がいるようですが、借地権は立派な財産であり、借地権契約が解消される際には地主に借地権を買い取ってもらうことができます。

定期借地権契約の場合には、借地権契約終了時に敷地上の建築物を取り壊し、更地にして地主に返還する必要がありますが、普通借地権契約の場合には、敷地上の建物を地主に買い取ってもらう権利（借地権を買い取ってもらう権利）である建物買取請求権を有しています。

（2）地主以外の者への譲渡

地主以外の者に借地権を譲渡する場合には、地主の許可が必要となります。地主は自分の敷地に対する権利が勝手に第三者に渡ってしまうことを防ぐため、借地権設定時の契約書において、第三者への譲渡の際には、地主の許可を得る必要があることが記されています。この地主に許諾を得ることに付随して地主に支払う金銭を名義書換料または譲渡承諾料などといいます。

■借地権の価額

（1）地主への譲渡

借地権を地主に買い取ってもらう際の価額は、建物買取請求権による場合には、建物の時価が譲渡価額の基準となるほか、一般的には、その敷地の更地価額に土地の相続税評価額で使用する借地権割合を乗じた金額を基準に決定されることが多いようです。

（2）地主以外の第三者に譲渡する場合

借地権を地主以外の者に譲渡する場合には、借地権を単独で第三者に譲渡する場合と地主と共同して借地権と底地をセットで第三者に譲渡する場合があります。

借地権を単独で第三者に譲渡する価額は、上記（1）のとおり更地価額に借地権割合を乗じた金額を基準とすることが多いようですが、何よりも建築されている建物の価値が譲渡価額に影響を与えることはいうまでもありません。

また、地主と共同して借地権と底地をセット（中古建物とその敷地）で譲渡する場合には、そのセットの不動産価値の相場は借地権単独での譲渡価額よりはわかりやすく、また、借地権単独での売買価額よりも高くなることが多いようです。

なお、借地権単独での売買の場合でも、底地とセットの場合でも、「借地権+底地=更地価額」になるというわけではないようです。

定期借家契約とは　5

☑定期借家契約では、契約期間の満了により契約が終了し、契約更新はできない
☑原則として、中途解約は認められない

▌概要

定期借家契約とは、平成12年３月１日に改正施行された借地借家法による制度で、建物の賃貸借契約に一定の契約期間を設け、その契約期間の満了と同時に契約が終了し、その契約が更新されることなく、賃借人は建物を退去しなければならない契約をいいます（借地借家法38）。

▌契約手続きの注意点

（１）書面による説明義務

定期借家契約は、その契約期間の満了と同時に賃借人は退去しなくてはなりません。賃借人がその契約内容を理解せず定期借家契約を締結することを防ぐために、必ず書面により契約締結を行い、かつ、定期借家契約は契約更新がなく、契約期間満了とともに契約が終了するという説明をしなければなりません。

（２）中途解約

定期借家契約は原則として中途解約はできませんが、賃貸人及び賃借人の間で中途解約に関する条項を設けた場合には、その条項に従って中途解約は可能となります。

なお、床面積が200㎡未満の居住用建物の定期借家契約においては、転勤、療養、親族の介護その他のやむを得ない事情に

より、建物の賃借人が建物を自己の生活の本拠として使用することが困難となったときは、建物の賃借人は、建物の賃貸借の解約の申入れをすることができます。この場合においては、建物の賃貸借は、解約の申入れの日から1月を経過することによって終了することとなります。

(3) 契約終了の事前通知義務

定期借家契約は、契約期間満了と同時に自動的に契約が終了するのではなく、賃貸人が賃借人に対して契約終了の事前通知をしなければなりません。

その事前通知とは、期間が1年以上の定期借家契約の場合においては、その期間満了の1年前から6か月前まで（以下、通知期間）に行わなければなりません。仮に、賃貸人がその通知期間内に契約終了の通知を失念し、通知期間終了後に契約終了の事前通知をした場合には、その通知をした日から6か月後に契約が終了することとなります。なお、期間が1年未満の場合には、事前通知義務はなく、契約期間満了と同時に契約が終了します。

第 2 章

不動産取引に関する税務・会計・資金

不動産取得時にかかる税金や諸費用 1

☑不動産を取得した場合、不動産取得税、登録免許税、印紙税、消費税が課税される
☑また、諸費用として、不動産仲介会社の手数料、固定資産税の精算金、土地家屋調査士報酬や司法書士報酬が発生

不動産を取得した場合に課される税金は、不動産取得税、登録免許税、印紙税があります。そして、不動産のうち建物や建物附属設備等の購入の際には消費税が課税されます。また、諸費用としては不動産仲介会社への仲介手数料や、売主に対して支払う固定資産税の精算金のほか、取得した不動産を登記するための土地家屋調査士報酬や司法書士報酬が発生します。

不動産取得の際に必要な諸税金や諸費用については以下のとおりです。

(1) 不動産取得税（支払先：都道府県）

個人または法人が土地や家屋を取得（有償・無償不問）した際にかかる地方税です。税務上の取り扱いとしては、個人の場合、業務用の不動産であれば必要経費に算入（所基通37-5）し、非業務用の不動産であれば取得費に算入（所基通38-9）します。法人の場合は、固定資産の取得価額に算入しないことができます（法基通7-3-3の2）。

(2) 登録免許税（支払先：国）

土地または建物の所有権保存登記や所有権移転登記をする際にかかる国税です。税務上の取り扱いとしては不動産取得税と同様になります。

(3) 印紙税（支払先：国）

不動産の売買契約書または建築請負契約書を取り交わす際に契約書面に貼付し消印することにより納付する国税です。税務上の取り扱いとしては不動産取得税と同様です。

(4) 消費税及び地方消費税等

建物や建物附属設備等に対して課される国税及び地方税です。税込経理方式の場合には、建物や建物附属設備等の取得価額を構成します。

(5) 仲介手数料（支払先：仲介会社）

不動産仲介業者に支払う手数料です。個人・法人共に取得価額（取得費）に算入します。

(6) 固定資産税精算金（支払先：売主）

年の途中で不動産を取得した場合に、取得日から年末までの期間の固定資産税相当額を買主が売主に対して売買代金に加算して支払う金額です。個人・法人共に取得価額（取得費）に算入します。

(7) 土地家屋調査士報酬（支払先：土地家屋調査士）

建物表題登記を行うために土地家屋調査士に依頼する報酬です。税務上の取り扱いとしては、個人の場合、業務用の不動産であれば必要経費に算入（所基通37- 5）し、非業務用の不動産であれば取得費に算入（所基通38- 9）します。法人の場合は、固定資産の取得価額に算入しないことができます（法基通7- 3- 3の2）。

(8) 司法書士報酬（支払先：司法書士）

不動産の所有権保存または所有権移転登記を行うために司法書士に依頼する報酬です。税務上の取り扱いとしては、土地家屋調査士報酬と同様になります。

不動産取得の際の諸税金や諸費用の税務上の取り扱いは以下の表のとおりです。

【税務上の取扱表】

諸税金・諸費用	法人の税務上の取り扱い	個人の税務上の取り扱い
不動産取得税 登録免許税 印紙税 土地家屋調査士報酬 司法書士報酬	固定資産の取得価額に算入しないことができる（法基通7-3-3の2）	(1)業務用の不動産 必要経費算入（所基通37-5） (2)非業務用の不動産 取得費に算入（所基通38-9）
仲介手数料 固定資産税精算金	取得価額に算入	取得価額（取得費）に算入
消費税及び地方消費税	税込経理方式の場合には取得価額を構成する	

ローンを組む場合の税金や諸費用　2

☑ローンを組む場合には、印紙税、登録免許税のほか、司法書士報酬が発生する

不動産の購入資金を金融機関から融資により調達する場合には、金融機関と締結する金銭消費貸借契約書に貼付する印紙税、抵当権設定登記のための登録免許税と司法書士報酬が発生します。

ローンを組む際に必要な諸税金や諸費用については以下のとおりです。

（1）登録免許税（支払先：国）

抵当権設定登記の際にかかる国税です。税務上の取り扱いとしては、個人の場合、業務用の不動産であれば必要経費に算入（所基通37-5）し、非業務用の不動産であれば取得費に算入（所基通38-9）します。法人の場合は、固定資産の取得価額に算入しないことができます（法基通7-3-3の2）。

（2）印紙税（支払先：国）

金融機関と金銭消費貸借契約書を取り交わす際に貼付し消印することにより納付する国税です。税務上の取り扱いは、登録免許税と同様になります。

（3）司法書士報酬（支払先：司法書士）

抵当権設定登記手続きをするために司法書士に依頼する報酬です。税務上の取り扱いは、登録免許税と同様になります。

上記（1）～（3）の税金・諸費用の計算方法は以下の表のとおりです。

また、諸税金や諸費用の税務上の取扱いは前ページの【税務

上の取扱表】と同様です。

税目・諸費用	計算方法
登録免許税	債権金額×4/1,000
印紙税	金銭消費貸借契約書に記載される債権金額 ・500万円超1,000万円以下：10,000円 ・1,000万円超5,000万円以下：20,000円 ・5,000万円超1億円以下：60,000円 ・1億円超5億円以下：100,000円
司法書士報酬	約5万円（契約内容により異なる）

住宅ローン減税の概要　3

- ☑住宅ローンを組んでマイホームを取得した場合には、ローン残高に応じて所得税の控除がある
- ☑新築住宅だけでなく、一定の中古住宅や増改築工事についても適用がある
- ☑所得税から控除しきれない減税額は住民税からも控除できる

住宅ローン減税とは、マイホームの取得等(注)を促進するために、毎年末の住宅ローン残高に所定の率を乗じた金額を一定期間に渡り、所得税額から控除される制度です（措法41）。この制度は、毎年のように税制改正が行われており、マイホームの取得等の契約日や居住した日がいつであるか、どのような住宅であるか、年末のローン残高がいくらであるかなどによっても減税額が異なります。

(注）マイホームの取得等とは、床面積が50㎡以上である一定の新築住宅の取得・一定の中古住宅の取得・一定の増改築等をして居住した場合をいいます。

　なお、合計所得金額が1,000万円以下の個人については、床面積40㎡以上50㎡未満のマイホームの取得等についても適用があります。

減税額及び減税期間（令和３年中のマイホームの取得等の場合）

減税額：住宅ローン年末残高の１％

減税期間：10年間

※　１年間で最高40万円。認定長期優良住宅の新築等及び認定低炭素住宅の新築等の場合は、１年間で最高50万円

※　所得税から控除しきれない場合は、住民税からも控除できます。

減税額及び減税期間の特例

消費税率10％の適用を受けるマイホームの取得等で令和３

年（2021年）１月１日から令和４年（2022年）12月31日までに居住したものについては、以下のとおり減税額及び減税期間の特例があります。

	取得等の契約締結日	減税期間	減税額
住宅の新築	令和２年10月１日～令和３年９月30日までの期間	13年	①と②の少ない金額 ①住宅ローン残高×１% ②マイホームの取得等の税抜対価の額×２%÷３
新築建売・中古住宅の取得一定の増改築	令和２年12月１日～令和３年11月30日までの期間		

※　１年間で最高40万円。認定長期優良住宅の新築等及び認定低炭素住宅の新築等の場合は、１年間で最高50万円。

※　所得税から控除しきれない場合は、住民税からも控除できます。

▌対象となる人

住宅ローン減税の対象となる人は以下のとおりです。

（１）その年の合計所得金額が3,000万円以下の個人（合計所得金額が3,000万円を超える年は住宅ローン減税を受けることができません）

（２）マイホームの取得等の日から６か月以内に居住し、住宅ローン減税を受ける各年末まで居住していること

（３）各年末に金融機関等からの住宅ローン残高があること（親族等からの借入はダメ）

（４）配偶者や親族等からのマイホームの取得等でないこと

本当に住宅ローン減税の最高額を受けることができるか？　4

☑住宅ローン減税の最高額を受けることができないケースもある
☑住宅販売会社のセールストークには冷静に

最高額の減税40万円を受けることができるか

「住宅ローン減税が年間40万円受けられますから、10年間で400万円分の税金がオトクになるのですよね？」と質問されることがありますが、なかには400万円分の減税が受けられない人もいるのです。

例えば、住宅購入金額または住宅ローン残高が4,000万円以上でない場合、あるいは、その人の年間の所得税及び住民税額が40万円以上発生しない場合などです。

住宅販売などの現場では、購入を検討している人にオトクとなる情報を提供したいので、「住宅ローン減税で400万円オトクになりますよ」などのトークも耳にしますが、ご自身の税金及び住宅ローン事情をしっかりと見極める必要があります。

夫婦で住宅ローン減税が受けられる？注意点は？

5

- ☑夫婦で住宅ローン契約をすれば、夫婦ダブルで住宅ローン減税を受けられる
- ☑土地建物の持分割合に応じた夫婦間の資金負担をすること（頭金なども含めて）
- ☑配偶者は住宅ローンを返済できるお金がありますか？

▌夫婦ダブルで住宅ローン減税を受けるには

夫婦ともに住宅ローン減税を受けたい場合には、①不動産は夫婦の名義とすること②夫婦ともに住宅ローン契約をすることです。

この場合の注意点は以下のとおりです。

（1）不動産の持分に応じた資金負担とすること

不動産を夫婦の名義にする方法として一般的なのは、例えば土地と建物それぞれ、「夫1/2、妻1/2」というように、不動産を「共有」にすることです。

この場合に、夫婦が負担する資金の割合も夫婦ともに1/2ずつ（頭金、諸費用、住宅ローンも含めて）となるようにしなければなりません。

仮に、4,000万円する土地建物の名義を夫婦で1/2ずつ（夫妻それぞれ2,000万円相当）としたにもかかわらず、妻は住宅ローン契約を1,000万円、夫は頭金・諸費用・住宅ローンを含めて3,000万円の資金負担とした場合には、妻は2,000万円相当の不動産を持ちながら1,000万円の負担しかしないことになり、妻が本来負担すべき1,000万円は、夫から贈与されたものとし

て、贈与税の課税対象となってしまいます。

（2）配偶者に資金があるか、所得税・住民税があるか

夫婦で住宅ローン減税を受けるために、専業主婦の妻に無理やり住宅ローン契約をさせるケースもあります。この場合に、妻がローンを返済できる資金があれば良いのですが、その資金を夫が負担する場合には、その負担した金額は、夫から妻への贈与とされ贈与税の課税対象となるケースがあるので注意が必要です。また、専業主婦であれば、そもそも所得税や住民税を支払っていないので減税の対象とならない（あるいは、パート収入で減税を受けるメリットが少ない）場合もあります。

不動産取得税とは　6

☑不動産取得税は、売買や建築等によって土地や家屋を取得した時に課税されるもの

不動産取得税は、有償・無償の別、登記の有無にかかわらず、売買、贈与、交換、建築（新築・増築・改築）等によって土地や家屋を取得した個人または法人に対して、その取得の時だけに課税される都道府県民税です。

申告・納税方法

（1）申告

不動産を取得した場合には、取得の日から一定期間内（都道府県により異なりますが、通常取得の日から30日～60日以内）にその不動産を所管する都道府県税事務所の窓口に「不動産取得税申告書」を提出します。

なお、新築住宅等の軽減措置の適用を受ける場合には、その取得の日から一定期間内（都道府県により異なります）に「不動産取得税減額申告書」を提出します。

（2）納付

都道府県税事務所から送付される納税通知書に記載されている納税額をその納期限までに、納税通知書に記載されている納付方法により納付をします。

不動産取得税の計算方法

不動産取得税は、以下のように計算します。

計算式

不動産取得税額 ＝ 取得した不動産の価格（課税標準額） × 税率

（1）取得した不動産の価格（課税標準額）

取得した不動産の価格とは、総務大臣が定めた固定資産評価基準により評価、決定された価格（評価額）で、新・増築家屋等を除き、原則として固定資産課税台帳に登録されている価格であり、不動産の購入価格や建築価格ではありません。

また、不動産の贈与、交換により取得した場合も固定資産課税台帳に登録されている価格となります。

（2）令和６年（2024年）３月31日までに宅地等の取得等をした場合の不動産の価格（課税標準）

令和６年（2024年）３月31日までに宅地等（宅地及び宅地評価された土地）を取得した場合は、取得した不動産の価格×1/2が課税標準となります。つまり、以下の計算方法により不動産取得税額を計算します。

計算式

不動産取得税額 ＝ 取得した不動産の価格 × $\frac{1}{2}$ × 税率

（3）税率

取得等の日	土地	家屋（住宅）	家屋（住宅以外）
令和6年（2024年）3月31日まで	3%		4%

※1　家屋（住宅）は、賃貸用住宅も含みます。
※2　家屋（住宅以外）は、事務所や店舗などの家屋をいいます。

免税点

課税標準となる額が一定金額に満たない場合には、不動産取得税は課税されません。

取得等をした不動産		免税点となる課税標準額
土　地		10万円
家屋	新築・増築・改築	23万円
	その他（売買など）	12万円

非課税

次の場合等には不動産取得税は課税されません。

・相続による取得

・法人の合併または政令で定める分割による不動産の取得

・土地区画整理事業等での換地の取得

不動産取得税には軽減措置がある　7

☑新築により取得した場合、中古により取得をした場合それぞれに軽減措置がある
☑家屋については課税標準額、敷地については税額に減額措置がある

新築等により取得等をした住宅等（家屋）とその敷地（土地）、そして、中古により取得等をした住宅等（家屋）とその敷地（土地）それぞれに軽減措置が設けられています。

新築中古ともに家屋については課税標準額に一定の減額措置があり、敷地については税額に減額措置があります。

■新築（増改築を含む）をした住宅（建物）の場合

（１）適用住宅要件及び控除額

取得した新築等の住宅が次の床面積要件を満たしていれば、その固定資産税評価額から1,200万円（固定資産税評価額が1,200万円未満の場合は固定資産税評価額）が控除されます。なお、令和４年（2022年）３月31日までに新築等をされた認定長期優良住宅を取得した場合には、1,300万円が控除されます。

<table>
<tr><th colspan="2">住宅の種類</th><th>床面積要件</th></tr>
<tr><td rowspan="2">貸家以外</td><td>一戸建て住宅</td><td rowspan="3">50㎡以上240㎡以下</td></tr>
<tr><td>一戸建て住宅以外（マンション・アパート等）</td></tr>
<tr><td rowspan="2">貸家</td><td>一戸建て住宅</td></tr>
<tr><td>一戸建て住宅以外（マンション・アパート等）</td><td>40㎡以上240㎡以下</td></tr>
</table>

※１　マンション・アパート等の床面積要件の判定は、区分所有住宅ごとまたは独立した区画ごとに判定し、控除額も区分所有住宅ごとまたは独立した区画ごとに控除されます。
※２　床面積は現況の床面積で判定し、マンション等は共有部分の床面積を専用部分の床面積割合により按分した床面積も含みます。

（2）不動産取得税額の計算

計算式
不動産取得税額 ＝（ 取得した住宅の価格 － 1,200万円※ ）× 3%
※認定長期優良住宅の場合は1,300万円

▌新築住宅等の敷地（土地）の場合

（1）要件

上記（1）の要件を満たす新築住宅等の敷地の用に供される土地を取得した場合には、次のとおりその敷地の取得が家屋取得よりも前であるか後であるかに応じて、軽減措置を受けることができる要件が異なります。

① 土地を取得した日から３年以内（土地の取得から３年以内に住宅が新築されることが困難なものとして政令で定める場合等には４年以内）にその土地の上に住宅を新築した場合（土地を購入して住宅を新築する通常のケース）

② 土地を取得した者がその土地を取得した日前１年以内（同時取得を含む）に住宅を新築していた場合（借地権者が住宅建築後底地を買い取った場合など）

③ 新築未使用の住宅とその敷地を住宅が建築された日から１年以内に取得した場合（建売住宅やマンションの購入など）

（２）軽減額の計算

軽減される金額は次の①と②のいずれか多い金額となります。

① 150万円×３％＝45,000円（税額が45,000円未満の場合はその税額）

② １㎡当たりの土地の評価額(注)×住宅の床面積（マンションは共用部を含む）×２（１戸につき200㎡が限度）×住宅の取得持分×３％

(注) 令和６年（2024年）３月31日までの土地の取得については土地の価格を２分の１した額とされます。

中古住宅（建物）の場合

（１）要件

中古住宅を取得した場合には、次の要件のすべてを満たしていれば不動産取得税の軽減の適用を受けることができます。

① 自己の居住用のための取得であること（賃貸不動産については適用はありません）

② 床面積が50㎡以上240㎡以下であること

③ 昭和57年１月１日以後に新築されたものであること、または、昭和56年12月31日以前に建築されたものである場合には、一定の耐震基準に適合しているもの

（2）不動産取得税額の計算

計算式

不動産取得税額 ＝（ 固定資産税評価額 － その中古住宅の新築時期における控除額※ ）× 3％

※その中古住宅の新築時期における控除額は以下のとおりです。

新築された日	控除額
昭和29年7月1日～昭和38年12月31日	100万円
昭和39年1月1日～昭和47年12月31日	150万円
昭和48年1月1日～昭和50年12月31日	230万円
昭和51年1月1日～昭和56年6月30日	350万円
昭和56年7月1日～昭和60年6月30日	420万円
昭和60年7月1日～平成元年3月31日	450万円
平成元年4月1日～平成9年3月31日	1,000万円
平成9年4月1日以降	1,200万円

中古住宅等の敷地（土地）の場合

（1）要件

中古住宅の軽減制度の要件を満たす中古住宅の敷地を取得した場合には、次のとおりその敷地の取得が家屋取得よりも前であるか後であるかに応じて、軽減措置を受けることができる要件が異なります。

① 土地を取得した者がその土地を取得した日から1年以内にその土地の上にある自己の居住の用に供する耐震基準適合既存住宅を取得した場合

② 土地を取得した者がその土地を取得した日前1年以内の期間内にその土地の上にある自己の居住の用に供する耐震基準適合既存住宅等を取得していた場合

（2）軽減額の計算

軽減される金額は次の①と②のいずれか多い金額となります。

①　150万円×３％＝45,000円（税額が45,000円未満の場合はその税額）

②　１㎡当たりの土地の評価額(注)×住宅の床面積（マンションは共用部を含む）×２（１戸につき200㎡が限度）×住宅の取得持分×３％

(注) 令和６年（2024年）３月31日までの土地の取得については土地の価格を２分の１した額とされます。

登録免許税とは　8

☑登録免許税は、不動産の取得等をした際に、その不動産の権利関係を明らかにするために行う登記の際に課される税金

不動産の取得等をした場合には、その不動産の権利関係を明らかにするために登記を行います。また、金融機関から融資を受ける場合に、金融機関は融資をした資金の回収不能に備えて不動産に抵当権を設定し、その不動産の売却による資金から優先的に資金を回収します。これら不動産の登記や抵当権を設定する登記の際に課される税金が登録免許税です。

登録免許税の計算は、その登記の種類及び登記する資産によっても異なります。

登録免許税額の計算

計算式

登録免許税額　＝　課税標準（不動産の価額等）　×　税率

不動産取得等の事例に応じた登記の種類と登録免許税率

取得等の事例	登記を行う資産	行う登記の種類	登記の内容	課税標準	税率
住宅を新築	建物	表題登記	建物を新築した際にその建物の所在地、種類、床面積、建築年月日等の情報を登記	—	—
	建物	所有権保存登記	表題登記をした新築建物の所有者を明らかにするための登記	登記官が決めた価額(注1)	4/1,000 (注2)軽減措置あり
家屋を増築	建物	表題変更登記	増築などで登記簿に記載されている内容に変更等があった場合に行う登記	—	—
家屋を取り壊して建て直した	建物	滅失登記	建物や家屋を解体した場合に、その建物が存在しなくなったことを記録するための登記	—	—
土地・家屋を購入	建物	所有権移転登記	所有権を移転したことにより現在の所有者を明らかにするための登記	固定資産税評価額	20/1,000 (注2)軽減措置あり
	土地				20/1,000 令和5年3月31日まで15/1,000
相続により不動産を取得	建物 土地				4/1,000
遺贈・贈与により不動産を取得	建物 土地				20/1,000
住宅ローン等のために抵当権を設定	債権	抵当権設定登記	住宅ローン等の際に金融機関等が不動産に担保権を設定するための登記	債権金額等	4/1,000 (注2)軽減措置あり

(注1) 登記官が決めた価額

新築建物は、固定資産税評価額が存在しないので、登記官が決めた価額として「新築建物課税標準価格認定基準表」により計算されます。この新築建物課税価格認定基準表は3年ごとの固定資産評価替えに合わせて変更されます。

(注２) 居住用住宅を取得した場合の軽減措置

（１）新築住宅の場合

自己の居住の用に供するために令和４年（2022年）３月31日までに取得した場合で次の要件のすべてを満たすことにより軽減税率（1.5/1,000）の適用を受けることができます。

① 住宅の床面積が50㎡以上

② 新築または取得後１年以内に登記をすること

（２）中古住宅の場合

自己の居住の用に供するために令和４年（2022年）３月31日までに取得した場合で次の要件のすべてを満たすことにより軽減税率（３/1,000）の適用を受けることができます。

① 住宅の床面積が50㎡以上

② 取得後１年以内に登記をすること

③ 一定の耐震基準を満たしていること、または築年数20年以内の木造等建物、もしくは築年数25年以内の鉄筋コンクリート造等建物

（３）認定長期優良住宅の場合

自己の居住の用に供するために令和４年（2022年）３月31日までに取得した場合で次の要件のすべてを満たすことにより軽減税率（１/1,000、戸建て住宅の場合は２/1,000）の適用を受けることができます。

① 住宅の床面積が50㎡以上

② 新築または取得後１年以内に登記をすること

③ 一定の認定長期優良住宅であること

（４）認定低炭素住宅の場合

自己の居住の用に供するために令和４年（2022年）までに取得した場合で次の要件のすべてを満たすことにより軽減税率（１/1,000）の適用を受けることができます。

① 住宅の床面積が50㎡以上

② 新築または取得後１年以内に登記をすること

③ 一定の認定低炭素住宅であること

（５）抵当権設定の場合

自己の居住の用に供するために令和４年３月31日までに住宅用家屋の新築等をし、これらのための資金の貸付等に係る抵当権の設定登記をした場合には軽減税率（１/1,000）の適用を受けることができます。

東京法務局管内新築建物課税標準価格認定基準表

（基準年度 ： 令和３年度）

（１平方メートル単価・単位：円）

構造 / 種類	木造	れんが造・コンクリートブロック造	軽量鉄骨造	鉄骨造	鉄筋コンクリート造	鉄骨鉄筋コンクリート造
居宅	102,000	−	114,000	124,000	158,000	−
共同住宅	110,000	−	114,000	124,000	158,000	−
旅館・料亭・ホテル	94,000	−	−	170,000	170,000	−
店舗・事務所・百貨店・銀行	72,000	−	63,000	135,000	152,000	−
劇場・病院	78,000	−	−	170,000	170,000	−
工場・倉庫・市場	55,000	59,000	61,000	91,000	92,000	−
土蔵	−	−	−	−	−	−
附属家	61,000	65,000	68,000	101,000	102,000	−

※　本基準により難い場合は，類似する建物との均衡を考慮し個別具体的に認定することとする。

印紙税とは　9

☑契約書や領収書など一定の文書を作成した場合、文書作成者が印紙税を納める義務を負う

契約書や領収書など一定の文書を作成した場合には、その文書を作成した者が印紙税を納める義務を負います。この一定の文書は「課税文書」といわれ、「課税物件表」と呼ばれる税率表において、「どのような文書に対して、いくらの印紙税がかかるか」ということが明記されています。

印紙税の納付方法は、一般的に、作成した課税文書に収入印紙を貼り、その収入印紙に消印するという方法をもって印紙税の納付がなされます。

不動産取引における代表的な印紙税

(1) 不動産等の譲渡に関する契約書（第1号文書）

①　課税文書の例

課税の対象となる不動産等の譲渡に関する契約書の例としては、不動産売買契約書、土地建物売買契約書、不動産売渡契約書、土地賃貸借契約書、金銭消費貸借契約書、金銭借用証書などがあります。

②　税率表

不動産等の譲渡に関する契約書の税率表は以下のとおりです。なお、軽減税率の対象となるのは平成26年（2014年）4月1日から令和4年（2022年）3月31日までに作成される「不動産の譲渡に関する契約書（第1号の1文書）」のみであり、第1号の2文書（土地賃貸借契約書等)、第1号の3文書（金

銭消費貸借契約書)、第1号の4文書(運送に関する契約書)は、軽減税率の対象となりません。

契約書に記載された契約金額	本則税率による印紙税額(1通につき)	第1号の1文書の軽減税率
1万円未満	非課税	非課税
1万円以上10万円以下	200円	200円(本則税率による)
10万円超50万円以下	400円	200円
50万円超100万円以下	1,000円	500円
100万円超500万円以下	2,000円	1,000円
500万円超1千万円以下	10,000円	5,000円
1千万円超5千万円以下	20,000円	10,000円
5千万円超1億円以下	60,000円	30,000円
1億円超5億円以下	10万円	60,000円
5億円超10億円以下	20万円	16万円
10億円超50億円以下	40万円	32万円
50億円超	60万円	48万円
契約金額の記載のないもの	200円	200円

(2) 請負に関する契約書の税率表(第2号文書)

① 課税文書の例

課税の対象となる請負に関する契約書の例としては、建築工事請負契約書、工事注文請書などがあります。

② 税率表

課税の対象となる請負に関する契約書の税率は以下のとおりです。なお、軽減税率の対象となるのは平成26年(2014年)4月1日から令和4年(2022年)3月31日までに作成される建設業法2条1項に規定する建設工事の請負に係る契約に基づき作成される請負に関する契約書(第2号文書)となります。

契約書に記載された契約金額	本則税率による印紙税額（1通につき）	第2号文書の軽減税率
1万円未満	非課税	非課税
1万円以上100万円以下	200円	200円（本則税率による）
100万円超200万円以下	400円	200円
200万円超300万円以下	1,000円	500円
300万円超500万円以下	2,000円	1,000円
500万円超1千万円以下	10,000円	5,000円
1千万円超5千万円以下	20,000円	10,000円
5千万円超1億円以下	60,000円	30,000円
1億円超5億円以下	10万円	60,000円
5億円超10億円以下	20万円	16万円
10億円超50億円以下	40万円	32万円
50億円超	60万円	48万円
契約金額の記載のないもの	200円	200円

（3）金銭等の受取書（第 17 号文書）

①　課税文書の例

課税される金銭等の受取書の例としては、受取書、領収証、領収書、代済、相済、了の押印などがなされた納品書などがあります。

②　税率表

課税の対象となる金銭等の受取書の税率は以下のとおりです。

記載された受取金額	印紙税額（1通につき）
5万円未満	非課税
100万円以下	200円
100万円超200万円以下	400円
200万円超300万円以下	600円
300万円超500万円以下	1,000円
500万円超1千万円以下	2,000円
1千万円超2千万円以下	4,000円

2千万円超3千万円以下	6,000円
3千万円超5千万円以下	10,000円
5千万円超1億円以下	20,000円
1億円超2億円以下	40,000円
2億円超3億円以下	60,000円
3億円超5億円以下	10万円
5億円超10億円以下	15万円
10億円超	20万円
受取金額の記載のないもの	200円

非課税となる文書等

委任状、建物賃貸借契約書、抵当権設定契約書、使用貸借契約書などについては印紙税が非課税となっています。

印紙を貼り忘れた場合の罰則規定等

税務調査などにおいて印紙の貼付もれを指摘された場合には、本来納付すべき印紙税に加えて、本来納付すべき印紙税額の2倍（合計3倍）の印紙税を納付しなければなりません。

ただし、自分から貼付もれを申告した場合には、不納付額の1.1倍の印紙税の納付となります。

なお、課税文書に印紙税の納付がなくても書類自体が無効になることはありません。

不動産の取得で支払った消費税は還付が受けられる？ 10

☑建物や建物附属設備の購入には消費税が課税される
☑この消費税の還付を受けるには、消費税の納税義務者となっている必要があり、一定の届出書の提出を要する
☑居住用賃貸建物の取得に係る消費税は、還付不可（91 ページ参照）

不動産の購入のうち、土地の購入にかかる消費税は非課税ですが、建物や建物附属設備の購入には消費税が課税されます。

この建物等の購入により支払った消費税の還付を受けるためには、その建物を購入した年に消費税の納税義務者となっていなければならず、そのためには一定の届出書の提出が必要です。

なお、この届出書の提出により、その翌年以後に消費税が発生する場合もありますので、消費税の還付を受けることについては、その年以後において発生する消費税の納税額とのバランスも考慮しなくてはいけませんし、還付を受ける年において支払った消費税の全額が還付されないケースについても考慮する必要があります。

▌消費税の還付を受けるためには消費税の納税義務者であること

サラリーマンなどが新たに不動産を購入して不動産賃貸を開始する場合には、基準期間がないため消費税法上の納税義務者にはなりませんから、消費税の還付を受けることもできません。従いまして、消費税の還付を受けたいならば、一定期間内に税務署に対して「消費税課税事業者選択届出書」を提出してあえて消費税の納税義務者となる選択をする必要があります。な

お、「消費税課税事業者選択届出書」を提出した場合には、その課税事業者となった年を含む２年間は課税事業者であることが強制されます（消法９、消基通１-４-６）。

課税事業者選択届出書を提出した後の縛り（調整対象固定資産）

「消費税課税事業者選択届出書」の提出をして消費税の課税事業となった事業者が、その課税事業者を選択した課税期間開始の日から２年以内に調整対象固定資産(注)を購入し、その調整対象固定資産にかかる消費税の還付を受けた場合には、その購入した年を含む３年間は免税事業者となることができず、また、簡易課税制度の適用を受けることもできません（消法９⑦)。

（注）調整対象固定資産とは、建物、構築物、車両運搬具、工具器具備品等でその課税仕入れにかかる税抜き対価が一の取引単位で100万円以上のものをいいます（消法２①十六、消令５）。

高額特定資産を購入した後の縛り

簡易課税制度の適用がない課税事業者が、高額特定資産(注)の購入等をし、その高額特定資産にかかる消費税の課税仕入れを行った場合には、その購入等をした課税期間の翌課税期間から、高額特定資産の購入等をした課税期間（自己建設高額特定資産(注)については、自己建設高額特定資産の建設等が完了した日の属する課税期間）の初日以後３年を経過する日の属する課税期間までは免税事業者になることができず、また、簡易課税制度の適用を受けることもできません（消法12の４、消法37、消令25の５）。

(注)
・高額特定資産とは、棚卸資産及び調整対象固定資産で一の取引単位が

税抜き1,000万円以上の一定のものをいいます（消令25の5①一）。
・自己建設高額特定資産とは、棚卸資産及び調整対象固定資産のうち、他の者との請負契約等に基づき建設等する資産及び自ら建設等する資産で、その建設等に要した税抜きの課税仕入れ等の金額が1,000万円以上のものをいいます（消令25の5①二）。

【高額特定資産の購入等の場合のイメージ図】

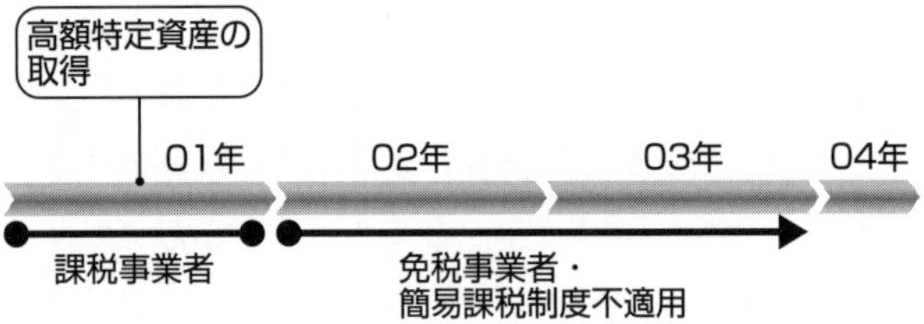

【自己建設高額特定資産の建設等の場合のイメージ図】

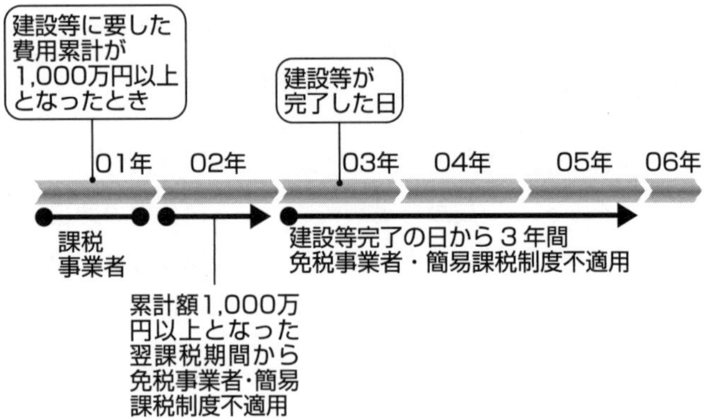

▍消費税の還付は全額ではない場合がある

（１）課税売上割合を検討する

不動産賃貸業を行う場合は、居住用の賃貸収入に関する消費税は非課税なので、課税売上割合が95％未満となる場合があります。この場合には、課税仕入れにかかる消費税額の全額を仕入税額控除の対象とすることはできませんので、建物等の購入等にかかる消費税の還付を受けようとして「消費税の課税事業者選択届出書」を提出して課税事業者となった場合においても、支払った消費税の全額が還付にならない場合もあります。

なお、税抜経理方式を採用している場合において課税売上割合が95%未満となり消費税の課税仕入れの対象とできなかった額については、控除対象外消費税額として必要経費に算入されます。さらに、課税売上割合が80%未満となった場合には、控除対象外消費税額のうち、20万円以上の資産にかかるものについては、繰延消費税額として5年間で必要経費に算入することになります（所令182の2）。

（2）不動産貸付業開始の日と課税仕入れを行った日のズレに注意が必要

個人が新たに不動産貸付業を開始し、購入した建物にかかる消費税の還付を受けようとする場合に、建物の引渡し日と不動産貸付業開始の日が異なる課税期間である場合には、消費税の還付を受けることができない場合があるので注意が必要です。

消費税の仕入税額控除は、課税仕入れを行った日すなわち建物の引き渡しを受けた日となります。ですので、仮に01年に不動産の購入等をし、その後賃貸するための準備に時間がかかり02年に不動産賃貸を開始した場合には、02年に個人の開業等届出書の提出と一緒に消費税課税事業者選択届出書を提出したとしても、建物に関する消費税の仕入税額控除を行うことができません。

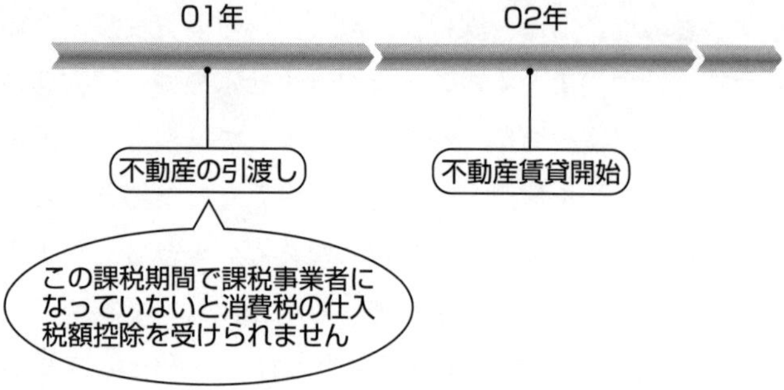
01年
02年
不動産の引渡し
不動産賃貸開始
この課税期間で課税事業者になっていないと消費税の仕入税額控除を受けられません

居住用賃貸建物の取得等に係る消費税還付は不可に　11

☑居住用の賃貸建物を取得等した際の消費税の還付（控除）は受けられない
☑令和２年度税制改正で明らかになった

令和２年（2020年）度の税制改正

令和２年（2020年）度の税制改正により、課税事業者が、令和２年（2020年）10月１日以後に居住用賃貸建物の取得等をした際に支払った消費税の還付（控除）を受けることができなくなりました。

なお、令和２年３月31日までに居住用賃貸建物の取得等の契約を締結し、令和２年10月１日以後に取得等をした場合には、消費税還付（控除）の対象となります（令和２年改正法附則44)。

居住用賃貸建物とは

（１）居住用賃貸建物

住宅の貸付けの用に供しないことが明らかな建物以外の建物で高額特定資産または調整対象自己建設高額資産に該当するもの（税抜き1,000万円以上の建物等）をいいます（消法30⑩、別表第一　十三）。

ですので、店舗用や工場用の建物、旅館やホテルなどの建物、不動産業者等が販売用として取得し、所有している間住宅として貸付けないことが明らかな建物、などについては、居住用賃貸建物に該当しませんので、消費税の還付（控除）の対象となります（消基通11- 7 - 1）。

（2）建物附属設備

上記（1）の居住用賃貸建物に附属する電気設備、給排水設備、衛生設備、ガス設備、冷暖房設備、ボイラー設備、エレベーター等の昇降機設備などの建物附属設備で高額特定資産等に該当するものは、居住用賃貸建物に含まれますので、その取得に係る消費税の還付（控除）を受けることはできません。

（3）資本的支出

所有する建物等に対する修理費や改良費を支出した場合で一定のものは資本的支出と言われ、税務においては、建物等を追加で取得したように取り扱われます（消基通11- 7 - 5）（詳しくは117ページ「資本的支出となる場合」参照）。

この資本的支出のうち居住用賃貸建物に対するものについては、その支出に係る消費税の還付（控除）を受けることはできません。ただし、その資本的支出が高額特定資産に該当しない場合や住宅の貸付の用に供しないことが明らかな建物に対する支出である場合を除きます。

（4）店舗兼住宅等の場合（消令50の2、消基通11-7-3）

居住用賃貸建物について、例えば店舗用賃貸部分と居住用賃貸部分が混在している場合等で、その建物の構造及び設備の状況等により、店舗用賃貸部分と居住用賃貸部分とに合理的に（使用面積割合や使用面積に対する建設原価の割合などに応じて）区分しているときは、居住用賃貸部分についてのみ消費税の還付（控除）を受けることができません。

▌店舗賃貸用等に変更した場合や建物を売却した場合等の調整

居住用賃貸建物の取得等をして消費税の還付（控除）を受けることができなかった課税事業者が、一定期間内に、その建物の全部または一部を店舗賃貸用に変更した場合や他者に売却等をした場合には、一定の算式で計算した消費税額を、「第３年度の課税期間」(注)の仕入税額に加算することにより、消費税の控除または還付の対象とすることができます（消法35の２、消令53の２）。

(注) 第３年度の課税期間とは、居住用賃貸建物の取得等をした日の属する課税期間開始の日から３年を経過する日の属する課税期間をいいます。

不動産取得時に生じるその他のコスト 12

☑発生する費用には、①不動産会社への仲介手数料、②固定資産税相当額の売主との精算金がある

不動産会社への仲介手数料

不動産会社等に売買を仲介してもらった際の不動産会社に対する報酬を仲介手数料といいます。不動産売買の仲介を行った不動産会社は、売主と買主からそれぞれ仲介手数料を受け取ることができ、売買が成立しなかった場合には仲介手数料は発生しません。なお、不動産会社を通さずに売主と買主が直接売買を行った場合には仲介手数料は発生しません。

仲介手数料の額は宅地建物取引業法により次のとおり上限が定められています。

計算式
仲介手数料の上限額 ＝ 取引金額 × 3% ＋ 6万円

上記は速算式で、その内訳は以下のとおりです。また、仲介手数料は、消費税の課税対象となります。

取引金額	仲介手数料率
200万円以下の部分	取引金額の5%
200万円超400万円以下の部分	取引金額の4%
400万円超の部分	取引金額の3%

▌固定資産税相当額の売主との精算金（未経過固定資産税等）

（1）未経過固定資産税等とは

固定資産税は、その年1月1日において固定資産課税台帳に記載されている所有者に課税がなされます。従いまして、年の中途で不動産売買が行われる場合においても、売主である元の所有者に1年分の固定資産税の納付義務があります。そのため、その年1月1日（地域によっては4月1日）を基準日として、基準日から売買時までの固定資産税相当額を元の所有者（売主）が負担し、売買時以降は買主の負担となるように、日割計算等により売買代金と合わせて精算が行われます。

（2）未経過固定資産税等の消費税の取り扱い

固定資産税等の課税の対象となる資産の譲渡に伴い、その資産に対して課された固定資産税等について譲渡の時において未経過分がある場合で、その未経過分に相当する金額のその資産の譲渡について収受する金額とは別に収受している場合であっても、その未経過分に相当する金額はその資産の譲渡の金額に含まれます（消基通10-1-6）。

従いまして、建物の売買にかかる未経過固定資産税等の精算については、課税仕入れとして取り扱われることになります。

中古不動産を取得した場合の注意点 13

☑中古建物を取得した場合、耐用年数は残存使用可能年数を見積るまたは簡便法によることができるが、リフォーム費用を支出した場合には、新築取得と同様の法定耐用年数によらなければならない場合も
☑土地と建物を同時取得した場合には、それぞれ区分して取得価額を把握する

中古取得資産の耐用年数の取り扱い

（1）中古取得資産の耐用年数の見積法及び簡便法

中古取得資産の減価償却を行う場合の耐用年数は、新築取得の場合の法定耐用年数によらず、その資産の残存使用可能期間を合理的に見積ることができます（見積法）が、使用可能期間を見積もることが困難な場合には、次の表のような方法（簡便法）で計算した耐用年数とすることができます（耐令3①）。

【簡便法による耐用年数計算式】

法定耐用年数の全部を経過している場合	法定耐用年数× $\frac{20}{100}$
法定耐用年数の一部を経過している場合	（法定耐用年数－経過年数）＋経過年数× $\frac{20}{100}$

（注）上記算式で１年未満の端数は切捨て、また、２年未満となった場合は２年とします。

（2）取得事業年度に見積法及び簡便法によらなかった場合の翌事業年度以降の耐用年数

中古取得事業年度において見積法及び簡便法によらず法定耐用年数により減価償却計算を行った場合には、翌事業年度以降においても法定耐用年数で減価償却計算をしなければなりませ

ん（耐通1-5-1）。

リフォーム・リノベーション費用の取り扱い

中古取得した資産の事業供用前にリフォームやリノベーション費用等（以下、リフォーム費用等といいます）を支出した場合には、その支出金額により耐用年数の計算方法が異なります。

（1）リフォーム費用等が中古取得価額の50%以下の場合

前ページ（1）の簡便法によることができます（耐令3①）。

（2）リフォーム費用等が中古取得価額の50%超、その中古取得資産の再取得価額の50%以下の場合

次の計算式によります（耐通1-5-6）。なお、再取得価額とは、中古取得資産（中古建物）と同じ新品（新築建物）を取得する場合の価額をいいます。

計算式

$$\left(\text{中古取得価額}+\text{リフォーム等の支出額}\right)\div\left(\frac{\text{中古資産の取得価額}}{\text{簡便法による耐用年数}}+\frac{\text{リフォーム等支出額}}{\text{中古資産の法定耐用年数}}\right)$$

（3）リフォーム費用等が中古取得価額の50%超、その中古取得資産の再取得価額の50%超の場合

新品取得と同様の法定耐用年数によります（耐通1-5-2）。

土地建物の取得価額の区分方法

土地と建物を同時に取得した場合に、売買契約書等に土地と建物の価額が一括合計金額で記載され、土地と建物の価額の内訳がわからない場合があります。取得後の建物の減価償却計算を行うためにも次のような方法などにより土地と建物それぞれの価額を決定する必要があります。

（1）売買契約書等に建物にかかる消費税額の記載がある場合

売買契約書等に建物にかかる消費税額の記載がある場合には、その消費税額を売買当時の消費税率で割り返して建物の価額を算出します。そして、算出された建物の価額を土地建物合計額から差し引いた差額が土地の価額となります。このような算出をする理由としては、土地の売買は消費税法上非課税であることから、売買契約書等に記載されている消費税額は建物にかかる部分のみであると解釈できるということにあります。

【計算例】
・売買契約書等記載土地建物　合計1億円（うち消費税400万円）
・売買時の消費税率　10%
①建物価額の算出
400万円÷10%＝4,000万円
②建物にかかる消費税は400万円（売買契約書の記載額）
③土地価額の算出
1億円－①4,000万円－②400万円＝5,600万円

（2）売買契約書等に建物にかかる消費税額の記載がない場合

売買契約書等に土地建物の内訳金額の記載がなく、また、消費税額の記載もない場合には、①土地建物合計価額をその売買時における土地の価額（時価）と建物の価額（時価）の比により按分して計算することが原則（按分法）ですが、土地または建物の価額が合理的に算定され、かつ、その価額が相当であると認められる場合等一定の場合には、②建物の価額を求めて全体価額から差し引いた金額を土地の価額とする方法なども認められています（措通28の4-31）。

なお、過去の裁判例等では按分法によるものが多く、その按

分の基準としては、固定資産税評価額の比、譲渡時の時価の比、原価比、相続税評価額の比などがあります（税大ジャーナル11号2009.6「一括譲渡された土地・建物の各譲渡価額の区分について」広島国税不服審判所所長小島俊朗氏による）。

不動産に関する融資の種類 14

☑融資の返済方法には、元利均等返済タイプと元金均等返済タイプがある
☑金利には、変動金利タイプと固定金利タイプがある

元利均等返済と元金均等返済の違い

（1）元利均等返済

元利均等返済とは、毎月の返済額が一定額となるように返済する方法で、借り入れ当初は元金の返済額よりも金利部分の返済の方が多く、返済が進むにつれて元金の返済が増加し、金利の支払いが減少します。同じ返済期間の場合の元金均等返済と比較すると、元利均等返済の方が支払い利息総額は多くなります。

【元利均等返済イメージ図】

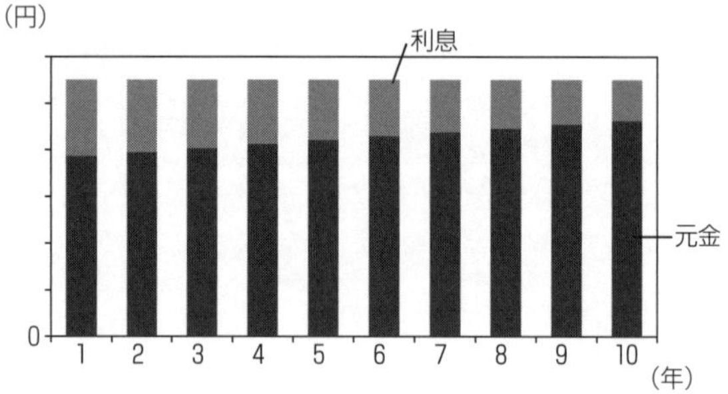

（2）元金均等返済

元金均等返済とは、毎月の元金の返済が一定額となるように返済する方法で、毎月一定額の元金返済額に金利を加えて返済する方法です。借り入れ当初は、毎月の返済額（元金と金利合

計額）が多く、返済が進むにつれて金利が減少します。同じ返済期間の場合の元利均等返済と比較すると、元金均等額返済の方が支払い利息総額は少なくなります。

【元金均等返済イメージ図】

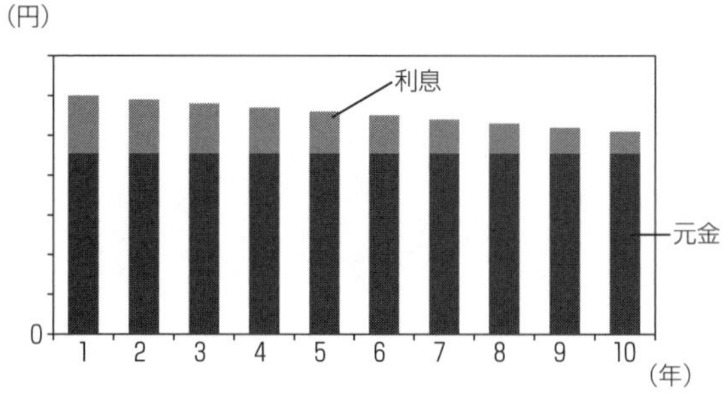

▌固定金利と変動金利

固定金利とは返済期間中の金利を一定率とするもので、今後金利が上昇するであろう局面においては固定金利を選択することが借り手にとって有利となり、反対に金利が下降すると予測される場合には借り手にとっては不利となります。

一方で変動金利には、その時々の経済情勢が反映されます。金利の上昇にあわせて賃料収入等も増額できると良いですが、それができない場合は、所得額やキャッシュフローに影響を及ぼしますので注意が必要です。

▌つなぎ融資とは

公的な住宅ローンなどを組む際には、不動産物件の名義が不動産購入者に移転してはじめて住宅ローンが実施されることになります。そして、不動産物件が不動産購入者の名義となるためには、購入先に実際に購入代金を支払わないことには名義を移転することができません。つまり、住宅ローンを使って不動産物件を購入しようという場合には、その不動産購入代金を手元に用意しておく必要があるわけです。しかし、多くの場合それだけの現金を用意できないことから、住宅ローン手続きが可能となるまでの短期間を民間金融機関に立替えてもらいます。これをつなぎ融資といいます。

所有している場合・賃貸した場合にかかる税金 1

- ☑賃貸不動産を所有している場合には固定資産税がかかり、市街化区域内の不動産については都市計画税がかかる
- ☑不動産賃貸をしたら、所得税の確定申告が必要。その情報は地方自治体に伝達され、住民税や事業税が課税される

賃貸不動産を所有している場合には、その所有していることについて固定資産税がかかり、都市計画法による市街化区域内の不動産については都市計画税がかかります。また、不動産賃貸をしたならば、所得税の確定申告が必要です。所得税の確定申告をすることにより、その確定申告による所得の情報が地方自治体に伝達され、地方自治体から住民税や事業税が課税されます。

固定資産税

（1）概要

固定資産税とは、毎年1月1日（賦課期日）現在の土地、建物の所有者（固定資産台帳に登録されている者）に対し市町村（東京都23区の場合は東京都）から課される税金です。

（2）固定資産税額の計算

計算式
固定資産税額　＝　課税標準額（注1）　×　1.4%

（注1）課税標準額とは、各市町村が決定した固定資産税評価額に負担水準（注2）等の一定の調整措置を加えた価格です。

また、固定資産税評価額は、3年毎に評価替えが行われます。直近では令和3年（2021年）に評価替えが行われました。この評価替

えを行った年度を基準年度といいます。

（注２）負担水準は次の算式により計算されます。

負担水準(%)＝(前年度課税標準額／本年度価格等)×100

なお、負担水準により住宅用地または商業地等それぞれ課税標準に負担調整措置等が講じられることになります。

（３）住宅用地に対する軽減措置

住宅用地については、住宅用地の区分に応じて次のとおり課税標準の特例措置があります。

区　分	課税標準
小規模住宅用地（住宅用地で住宅１戸につき200㎡までの部分）	固定資産税評価額× $\frac{1}{6}$
一般住宅用地（小規模住宅用地以外の住宅用地）	固定資産税評価額× $\frac{1}{3}$

（４）新築住宅に対する減額措置

平成17年（2005年）１月２日から令和４年（2022年）３月31日までに新築された住宅が、次の床面積要件を満たす場合には、新たに課税される年度から３年度分（３階建以上の耐火・準耐火建築物は５年度分）に限り、居住部分で１戸あたり120㎡相当分までの固定資産税額の２分の１が減額されます。

また、認定長期優良住宅については、次の床面積要件を満たす場合には、新たに課税される年度から５年分（３階建以上の耐火・準耐火建築物は７年度分）に限り、居住部分で１戸あたり120㎡相当分までの固定資産税額の２分の１が減額されます。

一戸建住宅	店舗併用住宅	共同住宅	区分所有住宅（マンション等）
床面積	居住用部分の床面積（居住用部分の床面積が全体床面積の1/2以上であること）	独立的に区画された居住用部分の床面に、共用部分の面積を按分して加えた面積	専有部分のうち居住部分の床面積に、共用部分の床面積を按分し、加えた床面積（専有部分のうち居住部分がその専有部分の1/2以上であること）
50㎡以上280㎡以下	50㎡以上280㎡以下	50㎡（貸家の場合には40㎡）以上280㎡以下	50㎡（貸家の場合には40㎡）以上280㎡以下

（5）免税点

市区町村の各区域内に、同一人が所有する固定資産の課税標準額の合計額が、それぞれ次の金額に満たない場合には、固定資産税は課されません。

① 土地 30万円

② 家屋 20万円

（6）納付

納期は年４回（東京都の場合６月、９月、12月、２月）で、納税通知書が地方自治体から送付されます。

■都市計画税

（1）概要

都市計画税とは、毎年１月１日（賦課期日）現在の都市計画法の市街化区域内の土地、建物の所有者に対し市町村（東京都23区の場合は東京都）から課される税金です。

(2) 都市計画税額の計算

計算式
都市計画税 ＝ 課税標準額 × 0.3%

(3) 住宅用地に対する軽減措置

住宅用地については、住宅用地の区分に応じて次のとおり課税標準の特例措置があります。

区　分	課税標準
小規模住宅用地（住宅用地で住宅1戸につき200㎡までの部分）	固定資産税評価額×$\frac{1}{3}$
一般住宅用地（小規模住宅用地以外の住宅用地）	固定資産税評価額×$\frac{2}{3}$

なお、東京都23区内においては小規模住宅用地に対する税額を都税条例により2分の1減額されています（平成30年度）。

(4) 免税点

市区町村の各区域内に、同一人が所有する固定資産の課税標準額の合計額が、それぞれ次の金額に満たない場合には、都市計画税は課されません。

① 土地　30万円

② 家屋　20万円

(5) 納付

納期は、年4回（東京都の場合6月、9月、12月、2月）で、固定資産税と併せて納税通知書が地方自治体から送付されます。

賃貸による確定申告

不動産の賃貸による所得は、不動産所得となり賃料収入等から必要経費等を差し引くことにより計算されます。サラリーマンなどの給与所得のある人、または、個人事業による事業所得がある人は、それら給与所得や事業所得などの他の所得と合算して確定申告を行います。

確定申告は、毎年1月1日から12月31日までの所得を翌年2月16日から3月15日までの間に納税地の所轄税務署長に対して行い、納税は原則として確定申告期限である翌年3月15日までに行わなくてはなりません。

なお、所得税の税率は超過累進税率となっており、所得が高くなるほど税率も高くなります。

住民税・事業税

(1) 概要

所得税の確定申告書を提出した場合には、税務署から地方公共団体に伝達がなされますので、所得税の確定申告を行った人は、住民税と事業税の申告も同時に行ったことになります。

(2) 住民税

住民税の税率は所得に対して一律で10%(道府県民税4%、市町村民税6%)となり、前年の所得に対して課税され、翌年6月以降に地方公共団体から納税通知書が送付されます。

(3) 事業税

① 概要

不動産賃貸による事業税が課税される場合は、その不動産貸付が「不動産貸付業」または「駐車場業」に該当する場合です。不動産貸付業または駐車場業に該当するかどうかの基準は、例えば東京都の場合では以下のとおりです。

【不動産貸付業】

建物	住宅	一戸建て	棟数が10以上
		一戸建以外	室数が10以上
	住宅以外	独立家屋	棟数が5以上
		独立家屋以外	室数が10以上
土地	住宅用		契約件数が10以上または貸付総面積が2,000㎡以上
	住宅用以外		契約件数が10以上

【駐車場業】

駐車場業	寄託を受けて保管行為を行う駐車場	駐車可能台数が1台以上（駐車可能台数は問いません）
	建築物・機械式等である駐車場	
	上記以外の駐車場	駐車可能台数が10台以上

②　事業税の計算・税率

事業税の計算は次の算式のとおり、不動産貸付による総収入金額から必要経費を差し引き、そこからさらに事業主控除額290万円を控除した金額に対して5％の事業税率を乗じます。なお、事業税の計算においては、青色申告特別控除額の適用はありません。

計算式

事業税　＝（ 総収入金額 － 必要経費 － 事業主控除額290万円 ）× 5％

※青色申告特別控除の適用はなし
※事業主控除額は1年間290万円ですので、年の途中で不動産貸付業等を開始した場合には月割計算を行います。

③　納付

事業税の納付は、地方自治体から送付される通知書により翌年の8月と11月に納付を行います。

個人が不動産賃貸を開始する場合の手続き 2

☑一定期間内に税務署への個人事業開始届出書等の提出が必要となる

個人で不動産貸付を開始した場合に税務署に提出する届出書等は次のとおりです。

（1）個人事業の開業・廃業等届出書

①　内容

新たに不動産貸付業を開始した場合に所轄税務署に提出します。

②　提出期限

新たに不動産貸付業を開始した日から１か月以内です。

③　国税庁ホームページによる書式ダウンロード

https://www.nta.go.jp/taxes/tetsuzuki/shinsei/annai/shinkoku/pdf/h28/05.pdf

（2）所得税の青色申告承認申請書

①　内容

不動産貸付業にかかる確定申告につき青色申告の承認を受けたい場合に所轄税務署に提出します。

②　提出期限

青色申告書による申告をしようとする年の３月15日までです（その年の１月16日以後、新たに不動産の貸付けをした場合には、その事業開始等の日から２月以内)。

ただし、青色申告の承認を受けていた被相続人の事業を相続により承継した場合は、相続開始を知った日（死亡の日）の時期に応じて、それぞれ次の期間内となります。

1．その死亡の日がその年の１月１日から８月31日までの場合…死亡の日から４か月以内

2．その死亡の日がその年の９月１日から10月31日までの場合…その年の12月31日まで

3．その死亡の日がその年の11月１日から12月31日までの場合…その年の翌年の２月15日まで

③　国税庁ホームページによる書式ダウンロード

https://www.nta.go.jp/taxes/tetsuzuki/shinsei/annai/shinkoku/pdf/h28/10.pdf

（3）青色事業専従者給与に関する届出書

①　内容

青色事業専従者給与を必要経費に算入しようとする場合に所轄税務署に提出します。

届出をした給与額の範囲内、かつ、青色事業専従者に対する給与として適正な給与額である場合には必要経費に算入することができます。

②　提出期限

青色事業専従者給与額を必要経費に算入しようとする年の３月15日まで（その年の１月16日以後に開業した人や新たに専従者がいることとなった人は、その開業の日や専従者がいることとなった日から２月以内）です。

③　国税庁ホームページによる書式ダウンロード

https://www.nta.go.jp/taxes/tetsuzuki/shinsei/annai/shinkoku/pdf/h28/13_14.pdf

（4）所得税の減価償却資産の償却方法の届出書

① 内容

新たに不動産貸付業を開始した場合に建物、建物附属設備等の減価償却資産の減価償却方法を選定する際に所轄税務署に提出します。

なお、届出をしなかった場合には定額法により償却することとなりますが、平成10年（1998年）4月1日以降の建物の取得、平成28年（2016年）4月1日以降の建物附属設備及び構築物の取得については、いずれも選定できる償却方法は定額法のみです。

② 提出期限

翌年3月15日の確定申告期限までです。

③ 国税庁ホームページによる書式ダウンロード

https://www.nta.go.jp/taxes/tetsuzuki/shinsei/annai/shinkoku/pdf/h28/18_19.pdf

（5）源泉所得税の納期の特例の承認に関する申請書

① 内容

源泉所得税は、原則として徴収した日の翌月10日が納期限となっていますが、この申請は、給与の支給人員が常時10人未満である源泉徴収義務者が、給与や退職手当、税理士等の報酬・料金について源泉徴収をした所得税及び復興特別所得税について、次のように年2回にまとめて納付できるという特例制度を受けるために行う手続です。

- 1月から6月までに支払った所得から源泉徴収をした所得税及び復興特別所得税…7月10日
- 7月から12月までに支払った所得から源泉徴収をした所得

税及び復興特別所得税…翌年１月20日

② 提出期限

提出期限はありませんが、提出した月の翌月に支給する給与等に対する源泉所得税分から納期の特例の対象となります。

③ 国税庁ホームページによる書式ダウンロード

https://www.nta.go.jp/law/tsutatsu/kobetsu/hojin/010705/pdf/201601h268.pdf

個人の確定申告における不動産所得計算上の収入金額の計上時期に関する留意点 3

☑不動産所得の収入金額は、原則として契約書に記載されている支払日に計上する
☑一定の場合には、貸付期間に対応する賃貸料の額をその年分の総収入金額に算入することが認められる

不動産所得の収入金額となるべきものについては、家賃収入、礼金、更新料、敷金や保証金等のうち賃借人に返還しなくてもよい金額のほか、共益費収入や水道光熱費収入などが挙げられます。

収入金額に計上すべき日は、原則として契約書に記載されている支払日に計上することとされていますが、事業的規模により貸し付けが行われている場合等で一定の場合には、その年の貸付期間に対応する賃貸料の額をその年分の総収入金額に算入する（発生ベースで計上する）ことが認められています。

■ 賃料収入の計上時期の原則

地代、家賃、共益費などの不動産の賃料収入については、原則として契約または慣習により支払日が定められているものについてはその支払日、支払日が定められていないものについてはその支払いを受けた日とされています（所基通36-５）。つまり不動産賃貸契約書または慣習により、「前月末日までに支払う」ことになっている場合には、例えば５月分賃料の収入計上時期は４月となります。

▌その年の貸付期間に対応して収入金額を計上する場合（発生ベースで収入計上）

賃貸料の収入金額の計上時期の原則は、例えば契約において「前月末日までに支払う」こととされている場合、02年１月分の賃貸料は、その前月の01年12月末に収受することになるため、01年度の確定申告計算の対象となります。

従いまして、02年度１年間の確定申告計算の対象とされるのは、02年２月分（02年１月末日収受分）～03年１月分（02年12月末日収受分）となるわけですが、次の（１）または（２）の場合には、これを発生ベースで02年１月分～02年12月分を収入金額として確定申告計算をすることができます。

（１）不動産貸付が事業的規模により行われている場合

次の①から④のすべての要件を満たす場合には、その年の貸付期間に対応した収入金額で確定申告計算をすることができます。

① 不動産所得を生ずべき業務にかかる取引について、その者が帳簿書類を備えて継続的に記帳し、その記帳に基づいて不動産所得を計算していること

② その者の不動産等の賃料等にかかる収入金額の全部について、継続的にその年中の貸付期間に対応する部分の金額をその年分の総収入金額に算入する方法により所得金額を計算しており、かつ、帳簿上その賃貸料にかかる前受収益および未収収益の経理が行われていること

③ その者の１年を超える期間にかかる賃貸料収入については、その前受収益または未収収益についての明細書を確定申告に添付していること

④　小規模事業者の収入及び費用の帰属時期の規定の適用を受けていないこと

(注)「不動産等の賃貸料」には、不動産等の貸付けに伴い一時に受ける頭金、権利金、名義書替料、更新料、礼金等は含まれません。

(2) 不動産貸付が事業的規模で行われていない場合

その者が不動産等の貸付けを事業的規模で行っていない場合であっても、上記（1）①に該当し、かつ、その者の1年以内の期間にかかる不動産等の賃貸料の収入金額の全部について上記（1）②に該当するときは、上記（1）④の規定の適用を受ける場合を除き、その者の1年以内の期間にかかる不動産等の賃貸料の収入金額については、その年の貸付期間に対応した収入金額で確定申告計算をすることができます。

敷金等の償却による収入の取り扱い

敷金、保証金などは、賃借人の物件使用状況に問題がなければ賃借人に返還する性質のものであるため、収受時に収入として計上しないものですが、例えば契約により、「敷金の20%は償却する」など、敷金の20%は賃借人に返還しないことが明らかな場合には、賃貸契約の効力が発生した日に収入計上しなければなりません。

また、賃貸期間の経過に応じて敷金を返還しないこととなる部分の金額がある場合には、その返還を要しないこととなった日に収入計上をします（所基通36-7）。

これが不動産所得の必要経費となる　4

☑様々な支出が不動産所得の必要経費になるが、家事関連費や所得税・住民税は、必要経費とならない

不動産所得の必要経費は以下のようなものがあります。

固定資産税や事業税、税込経理方式による場合に申告納付する消費税などの租税公課、賃貸管理費、募集費、清掃費、損害保険料、アパート・マンション共用部分の水道光熱費や消耗品費、通信費、減価償却費、修繕費、支払利息、青色事業専従者給与などです。

一方で家事関連費や所得税・住民税は、必要経費となりません。

■ 租税公課の取り扱い

不動産賃貸にかかる業務の用に供される固定資産税、登録免許税（登録に要する費用を含み、その資産の取得価額に算入されるものを除く）、不動産取得税、地価税、特別土地保有税、事業所税、自動車取得税等は、必要経費に算入されます（所基通37- 5）。

また、不動産貸付業や駐車場業を経営する場合に課税される事業税も必要経費に算入されます。

■ 減価償却費

個人の確定申告での不動産所得の金額の計算において、所有する減価償却資産につき償却費として必要経費に算入する金額は、その資産の取得した日及びその種類の区分に応じて定額法

や定率法等の中からその者が選択した方法により計算しますが、その者が償却方法を選定しなかった場合には定額法で償却費を計算します。

なお、平成10年（1998年）４月１日以後に取得した建物と平成28年（2016年）４月１日以後に取得した建物附属設備、構築物について選択できる償却方法は定額法のみとなります。

また、個人所得税においては減価償却費は強制的に必要経費に算入されます（所法49）。これは法人税において償却限度額まで任意の償却額を計上することができるという取扱いとは異なります。

▌修繕費・資本的支出の取り扱い（法基通７－８－１～７－８－６）

①　資本的支出となる場合

所有する固定資産に対して修理や改良による支出をした場合において、その固定資産の価値を高め、またはその耐久性を増すこととなると認められる部分に対応する金額は資本的支出となります。例えば次のような支出は、原則として資本的支出に該当することになります。

- ・建物の避難階段の取付等物理的に付加した部分に係る費用の額
- ・用途変更のための模様替え等改造または改装に直接要した費用の額
- ・機械の部分品を特に品質または性能の高いものに取り替えた場合のその取替えに要した費用の額のうち通常の取替えの場合にその取替えに要すると認められる費用の額を超える部分の金額

②　修繕費となる場合

所有する固定資産に対して修理や改良による支出をした場合において、その支出がその固定資産の通常の維持管理のため、またはき損した固定資産につきその原状を回復するために要したと認められる部分の金額は修繕費となります。

また、その支出の金額が20万円に満たない場合やその修理、改良等がおおむね３年以内の期間を周期として行われることが既往の実績その他の事情からみて明らかであるものについても修繕費となります。

③　形式基準による修繕費の判定

修理、改良等のために要した費用の額のうちに資本的支出であるか修繕費であるかが明らかでない金額がある場合において、その金額が次のいずれかに該当するときは、修繕費として損金経理をすることができます。

- その金額が60万円に満たない場合
- その金額がその修理、改良等に係る固定資産の前期末における取得価額（前期末までに支出した資本的支出の金額を含む、以下同じ）のおおむね10％相当額以下である場合

④　資本的支出か修繕費であるかが明らかでない場合

修理、改良等のために要した費用の額のうちに資本的支出であるか修繕費であるかが明らかでない金額（上記②または③の適用を受けるものを除く）がある場合においては、継続した経理方法を行うことを要件に、その支出金額の30％相当額とその修理、改良等をした固定資産の前期末における取得価額の10％相当額とのいずれか少ない金額を修繕費とし、残額を資本的支出とする経理方法も認められています。

【修繕費と資本的支出判定のフローチャート】

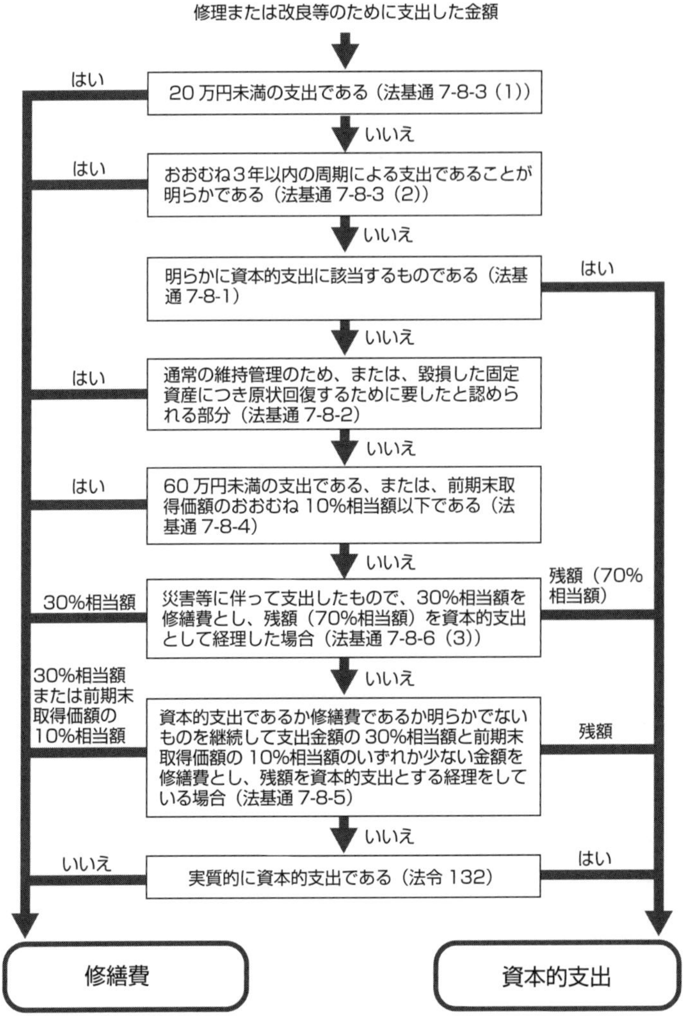

支払利息の取り扱い

①　資産使用開始前の借入金利子の取扱いに注意

支払利息については、初めて不動産賃貸を開始する場合であるか、これまで不動産賃貸をしていた者であるかによって、必要経費に算入できる金額が異なります。

〔初めて不動産賃貸を開始する者〕

借り入れにより不動産を取得し、初めて不動産賃貸を開始する者については、その借入の日から資産使用開始の日までの支払利息に相当する金額は、不動産の取得費または取得価額に算入されますので、不動産所得の必要経費に算入することはできませんが、その資産使用開始の日以後の支払利息については、必要経費に算入します（所基通38- 8）。

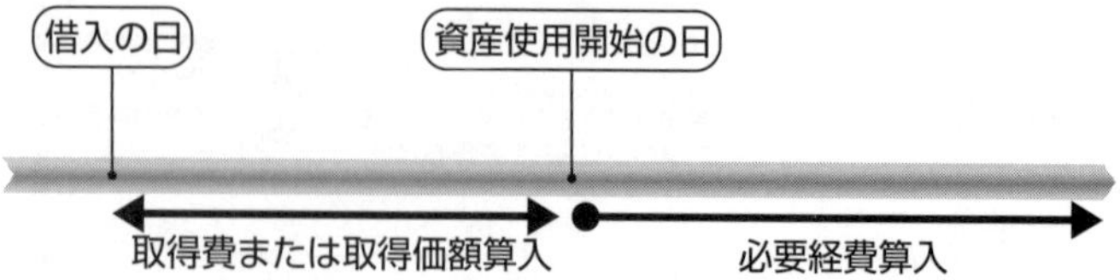

〔既に不動産賃貸をしている者〕

これまで不動産賃貸をしていた者が新たに不動産を取得するために借り入れをした場合の借入金利息については、その借入の日以後の支払利息は必要経費に算入します（所基通37-27）。

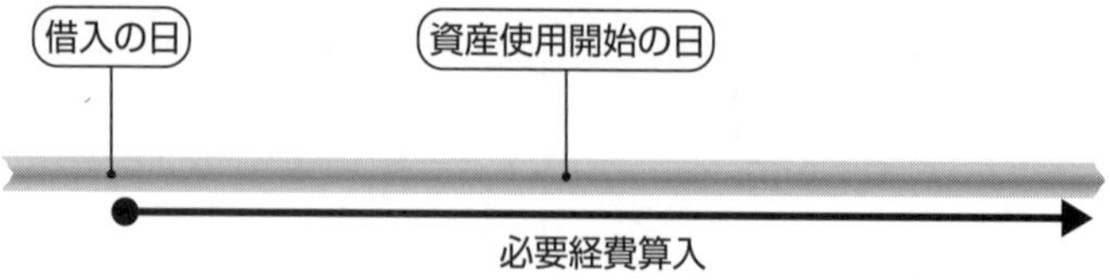

② 土地負債利子の損益通算不適用

不動産所得が赤字となった場合には、給与所得や事業所得等の他の所得と損益通算をすることができますが、不動産所得の赤字のうち土地等の取得のために要した借入金利子に相当する部分の金額については、不動産所得の赤字がなかったものとみなされ、損益通算の対象となりません（措法41の４）。

なお、この場合において、土地等と建物を同時に取得するための借入金であった場合で、その借入金が建物のための借入金であるか土地等のための借入金であるか区分することが困難な場合については、その借入金による資金がまず建物に充てられたものとして計算することができます。つまり、損益通算できる金額の範囲が大きくなるわけです（措令26の６②）。

▌青色事業専従者給与・事業専従者控除（所法 57、所令 164、165、所規 36 の４）

（1）青色事業専従者給与

所得税法では生計を一にする配偶者その他の親族に給与等の支払いをしても必要経費に算入することができませんが、次の要件を満たしている場合には、生計を一にする配偶者その他の親族に対して支給する給与等を必要経費に算入することができます。

・その者が青色申告者であること
・不動産貸付が事業的規模で行われていること
・その者と生計を一にする配偶者その他の親族（その年12月31日現在の年齢が15歳以上、以下同じ）であること
・その者と生計を一にする配偶者その他の親族の従事期間が６か月超であること

・その労務に従事した期間、労務の性質及びその提供の程度、その事業の種類及び規模、その事業と同種の事業でその規模が類似するものが支給する給与の状況等に照らしその労務の対価として相当であると認められるもの
・一定期間内に必要事項を記載した「青色事業専従者給与の届出書」を税務署に提出し、その届出書に記載されている方法に従いその記載されている金額の範囲内において給与の支払いがなされたこと

(2) 事業専従者控除額

白色申告者に事業専従者がいる場合において、確定申告書にこの控除を受ける旨等必要な事項を記載した場合には、次の①または②のいずれか低い金額の控除を受けることができます。

① 事業専従者の配偶者であれば86万円、それ以外の事業専従者の場合には50万円

② この控除をする前の不動産所得等の金額を専従者の数に1を足した数で割った金額

なお、事業専従者とは次のすべての要件を満たす者をいいます。

・白色申告者と生計を一にする配偶者その他の親族であること
・その年の12月31日現在の年齢が15歳以上であること
・その年を通じて6月を超える期間、その白色申告者の営む事業に専ら従事していること

(注) 青色申告者の事業専従者として給与の支払を受ける人又は白色申告者の事業専従者である人は、控除対象配偶者や扶養親族にはなれません。

不動産所得における青色申告制度 5

☑青色申告の承認を受けている場合の主な特典は、①青色申告特別控除、②青色事業専従者給与、③純損失の繰越しの３つ

青色申告制度とは、複式簿記による帳簿を整備するなど、充実した経理体制を整備することを条件に、所得税法の計算上さまざまな特典が与えられている制度です。

事業所得、不動産所得または山林所得を生ずべき業務を営んでいる人が、青色申告による申告を行うことができます。青色申告者となるためには一定の申請書を提出し、税務署の承認を受けなければなりません。青色申告制度による特典の代表的なものは以下のとおりですが、不動産貸し付けが事業的規模（いわゆる５棟10室基準（所基通26-９））で行われているかどうかにより取り扱いが異なるものもあります。

青色申告特別控除

（１）65万円控除（以下③の要件を満たさない場合は55万円控除）

事業的規模により不動産貸し付けを行っている者で次の要件に該当する者については所得金額から65万円を控除することができます。

① 複式簿記により記帳をし、帳簿書類を備え付けていること

② 上記①の記帳に基づいて作成した貸借対照表及び損益計算書を確定申告書に添付し、この控除の適用を受ける金額を記載して、法定申告期限内に提出すること

③　確定申告書、貸借対照表、損益計算書を提出期限までに電子申告（e-Tax）で提出していること。または、電子帳簿保存法に対応した会計ソフトにより仕訳帳及び総勘定元帳を作成し保存等をしていること。

（2）10万円控除

上記（1）の要件に該当しない場合には、所得金額から10万円を控除することができます。

■ 青色事業専従者給与（所法57）

不動産所得を事業的規模により行っている青色申告事業者と生計を一にしている配偶者その他の親族で15歳以上の者に対して支払った給与は、事前に提出された届出書に記載された金額の範囲内で専従者の労務の対価として適正な金額であれば、必要経費に算入することができます。なお、青色事業専従者として給与の支払を受ける人は、控除対象配偶者や扶養親族にはなれません。

■ 純損失の繰越し（所法70）

不動産所得に損失の金額がある場合で、損益通算の規定を適用してもなお控除しきれない部分の金額が生じたときには、その損失額を翌年以後3年間にわたって繰り越して、各年分の所得金額から控除します。

■ 事業的規模の不動産貸付の場合に認められる青色申告の特典

①　事業的規模の不動産貸付における資産損失については必要経費に算入され、不動産所得が赤字となった場合には損

益通算や純損失の繰越しができますが、事業的規模でない場合には、不動産所得金額の範囲内での必要経費算入にとどまり、損益通算や純損失の繰越しはできません（所法51①④）。

② 貸倒損失を必要経費に算入することができます（所法51②）。

③ 貸倒引当金の繰入額を必要経費に算入することができます（所法52①）。

賃貸不動産を共有している場合の青色申告の特典　6

☑共有者の各人が適用を受けることができ、事業的規模の判定については全体で判断する
☑青色事業専従者給与をお互い支払うことはできない

▌持分全部を所有しているものとして判定

青色申告特別控除の適用については、共有者の各人が青色申告の承認を受けていれば、各人の確定申告において特別控除額の適用があります。

また、５棟10室基準などによる事業的規模の判定については、各人が持ち分の全部を所有しているものとして全体で判断します。つまり、例えば６棟の建物を２人が２分の１ずつ共有しているケースでは、２人それぞれが６棟所有しているとして、２人とも事業的規模で不動産貸付を行っていることとなります（６棟を２分の１ずつで３棟なので事業的規模とならない、というわけではありません）。

▌所得区分はあくまでも不動産所得

なお、事業的規模の不動産貸付となる場合においても、個人所得税の確定申告の所得区分は不動産所得であり、事業所得となるわけではありません。

▌小規模宅地等の特例は貸付事業用 50%減額

事業的規模の不動産貸付をしていた人に相続が発生し、小規模宅地等の特例の適用をする場合においては、特定事業用宅地

等80%減額の適用ではなく、貸付事業用宅地等の50%減額の適用対象となります。

青色事業専従者給与の留意点

青色事業専従者給与は、事業的規模の不動産貸付でしか認められません。そして、例えば夫婦２人で２分の１ずつ不動産を共有している場合において、夫婦間でお互いに相手に対して青色事業専従者給与を支給することはできません。

個人が不動産賃貸を開始する場合の消費税の取り扱い　7

- ☑個人が不動産賃貸を開始する場合、賃貸開始年とその翌年は納税義務者とならない
- ☑消費税の納税義務者となるのは、課税売上高が 1,000 万円を超える事業者
- ☑課税売上高が 5,000 万円以下の事業者等が適用できる簡易課税制度もある

個人が不動産賃貸を開始する場合には、一定の場合を除いては賃貸開始年とその翌年は消費税の納税義務者とはなりません。

また、消費税の納税義務者となるのは、基準期間（その年の前々年）の課税売上高が1,000万円を超える事業者であるため、居住用物件の賃貸収入のみの場合には、居住用の賃貸収入は非課税売上であることから、建物や建物附属設備等の譲渡がない限りは、基準期間の課税売上高が1,000万円を超えないので消費税の納税義務者にはなりません。

これら消費税の納税義務者とならないための制度は小規模事業者の事務負担や徴税側の執行コストを考慮したものですが、この他にも同様の理由で基準期間の課税売上高が5,000万円以下の事業者等一定の者が適用できる簡易課税制度があります。

▌消費税の納税義務者

国内において事業（不動産貸付）を行う個人で、基準期間（前々年）の課税売上高が1,000万円超である場合には消費税の納税義務者となります。

ただし、平成23年６月度改正により、基準期間の課税売上高が1,000万円以下であっても、特定期間（個人の場合は前年

1月1日から6月30日）の課税売上高が1,000万円を超える場合等一定の場合には課税事業者となります（消法9の2）。

消費税の計算方法

（1）原則課税（一般課税）

消費税の原則的な計算方法は、「課税売上等に係る消費税」から「課税仕入等に係る消費税」を差引くことにより、納付消費税額を計算します。

課税売上等は商品やサービスの「売上高」だけでなく、営業外収入や固定資産売却収入なども含みます。同様に課税仕入等についても、商品等の「仕入高」だけでなく、販売費及び一般管理費や営業外費用なども含むことになります。この課税仕入等に対する消費税のことを「控除対象仕入税額」といい、控除対象仕入税額として認められるためには、一定の要件（注）を満たした帳簿書類等の整備・保存が義務付けられています。

なお、課税売上等に係る消費税よりも課税仕入等に係る消費税の方が多い場合には、消費税の還付を受けることができます。

（注）仕入税額控除を受けるためには帳簿や請求書・領収書等において、次のすべての事項が記載されていなければなりません。

① 課税仕入の相手先氏名または名称
② 課税仕入を行った年月日
③ 課税仕入にかかる資産または役務（サービス）の内容
④ 課税仕入にかかる支払対価の額

【原則課税の計算式のイメージ】

計算式
課税売上等に係る消費税 － 課税仕入等に係る消費税 ＝ 納付消費税

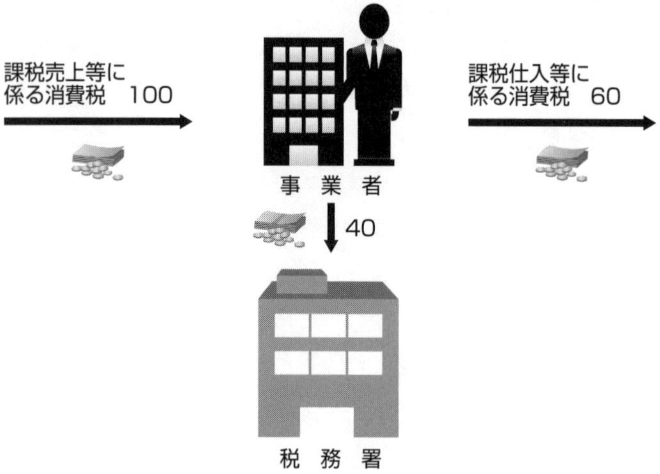

（2）簡易課税制度

簡易課税制度は、基準期間（前々年）の課税売上高が5,000万円以下である場合に適用できる計算方法です。簡易課税制度による消費税の計算は、「課税売上等に係る消費税」から「課税仕入等に係る消費税とみなされた金額」を差引くことにより、納付消費税額を計算します。

不動産貸付業の場合には「第6種」（下表【「課税仕入等に係る消費税とみなされた金額」の計算方法】参照）により計算します。

なお、簡易課税制度による場合には、仮に多額の設備投資等を行った場合で課税売上等に係る消費税よりも実際の課税仕入等に係る消費税の方が多い場合においても消費税の還付を受けることができません。

【簡易課税の計算式のイメージ】

計算式
課税売上等に係る消費税(A) － (A)×みなし仕入率 ＝ 納付消費税

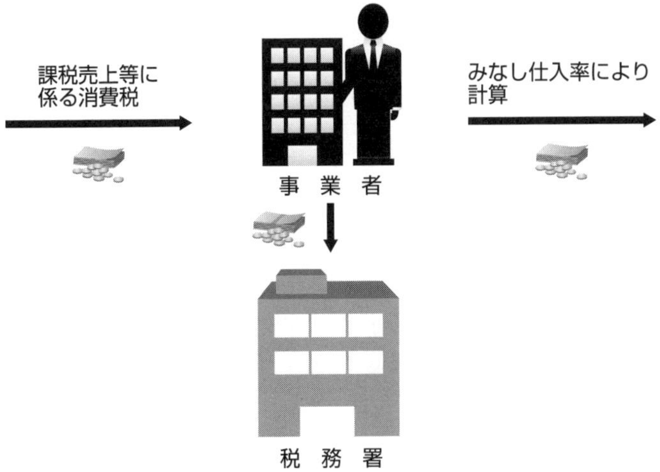

【「課税仕入等に係る消費税とみなされた金額」の計算方法】

事業内容	業種区分	みなし仕入率	課税仕入等に係る消費税とみなす金額の算出方法
卸売業	第一種事業	90%	課税売上等に係る消費税×90%
小売業	第二種事業	80%	課税売上等に係る消費税×80%
製造業、建設業	第三種事業	70%	課税売上等に係る消費税×70%
飲食業	第四種事業	60%	課税売上等に係る消費税×60%
金融・保険、運輸・通信サービス業(飲食業を除く)	第五種事業	50%	課税売上等に係る消費税×50%
不動産業(平成27年4月1日以降)	第六種事業	40%	課税売上等に係る消費税×40%

事業者が行っている事業内容により区分し、それぞれに対して定められている「みなし仕入率」を使用して計算します。

▌高額特定資産の課税仕入を行った場合等の留意点（平成28年度税制改正）

平成28年４月１日以後にその取得価額が1,000万円以上である等の高額特定資産の課税仕入を行った場合等においては、翌課税期間から高額特定資産を購入等した課税期間の初日以後３年間は、事業者免税点制度及び簡易課税制度は適用できないこととなりました。

これは、あえて消費税の課税事業者となり建物等の高額な資産を購入し、消費税の還付を受け、その後の事業年度において免税事業者や簡易課税制度適用事業者となることなどにより、本来の小規模事業者等への配慮という趣旨に沿わない適用例が散見されたことに伴う改正措置です。

▌非課税となる取引

土地の譲渡及び貸付と住宅の貸付けは非課税となりますが、土地や住宅の貸付け等であっても次のような取引は消費税が課税されます。

① 貸付期間が１か月未満の土地等や住宅等の賃貸

② 駐車場施設や設備のある土地等の賃貸

（消法６、消法別表１、消令８、16の２、消基通６-１-５）

▌消費税の申告と納付

個人事業者である課税事業者は、課税期間の末日が12月31日となりますので、翌年の３月31日までに確定申告書を提出し、消費税を納付することとなります。

老朽化した建物を建て替える場合に留意すること　8

☑建物を建て替える場合には、立退料や預かり敷金の返金が必要になるほか、入居者との交渉において弁護士費用が発生することも
☑税務上は、立退料、建物の取壊し費用、建物の資産損失などに留意

建物を建て替える場合には、当然現在の入居者に立ち退きをお願いしなければなりませんので、それに伴う立退料や預かり敷金の返金が必要になります。これら立退料や預かり敷金の返金にかかる資金準備も必要ですし、立ち退きに関する入居者との交渉についての弁護士費用の発生も考慮しなくてはなりません。

税務的な視点からは、立退料、建物の取壊し費用、建物の資産損失などの取り扱いに留意する必要があります。

■建て替えの場合の立退料の取り扱い

不動産所得の基因となっていた建物の賃借人を立ち退かせるために支払う立退料は、その建物の譲渡に際し支出するものまたはその建物を取り壊してその敷地となっていた土地等を譲渡するために支出するものを除き、その支出した日の属する年分の不動産所得の金額の計算上必要経費に算入します（所基通37-23）。

■建て替えの場合の建物の取壊し費用の取り扱い

建て替えのための建物の取壊し費用は、新築される賃貸用建物にかかる一連の費用として必要経費に算入されます（所法

37)。

■建て替えの場合の建物の資産損失の取り扱い

(1) 事業的規模による不動産貸付の場合

不動産所得を生ずべき「事業の用」に供される固定資産等について、取り壊し、除却、滅失その他の事由により生じた損失の金額は、その者のその損失の生じた日の属する年分の不動産所得の金額の計算上、必要経費に算入します(所法51①)。

所得税法51条1項では「事業の用」とされているので、事業的規模による不動産貸付に対する取り扱いとして解釈します。この資産損失により不動産所得が赤字となった場合には、損益通算や純損失の繰越しの適用が可能となります。

(2) 事業的規模でない不動産貸付の場合

不動産所得を生ずべき「業務の用」に供される資産の損失の金額は、その者のその損失の生じた日の属する年分の不動産所得の金額を限度として、その年分の不動産所得の金額の計算上、必要経費に算入します(所法51④)。

この所得税法51条4項では、「業務の用」とされているので、事業的規模に満たない不動産貸付に対する取り扱いとなっており、この場合の資産損失の金額は、不動産所得の金額が限度とされていますので、損益通算や純損失の繰越しの適用はできません。

国外中古建物投資による節税が不可に！ 9

- ☑国外にある中古建物購入による節税対策は不可になった（令和2年度税制改正）
- ☑この税制改正の対象者は個人のみ
- ☑この税制改正前に取得した国外中古建物も規制の対象となる厳しい税制改正である

国外中古建物から生ずる不動産所得の損失のうち、その国外中古建物の償却費に相当する金額は、他の所得（国内不動産所得との通算や給与所得等）と損益通算することができなくなりました（措法41の４の３）。

この税制改正の趣旨としては、国内と国外の不動産事情の違いを利用した富裕層が行う節税対策について国税当局が是正を行ったもので、この税制改正前に取得した国外中古建物も含めて、令和３年（2021年）分の所得税計算から適用されます。

▌国外中古建物とは

国外中古建物とは以下の建物をいいます。

（１）国外にある中古建物

（２）個人が取得して不動産所得を生ずべき業務の用に供したこと

（３）不動産所得の計算上、その建物の償却費計算を簡便法等（96ページ参照）による耐用年数で行っていること

▌国外中古建物を売却（譲渡）した場合

この規定の適用を受けた国外中古建物を売却した場合における個人譲渡所得税の計算にあたっては、この規定により損益通

算等の対象とならなかった償却費相当額は取得費を構成することになります。

【損益通算不可のイメージの一例】

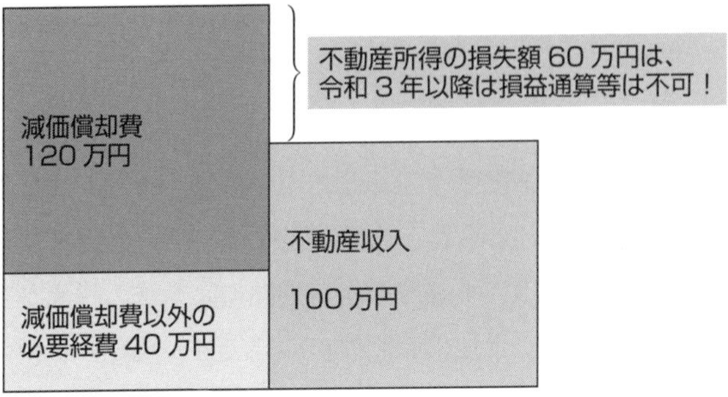

法人が売却する場合の税務　1

☑法人が所有する不動産を売却した場合、売却損益はその法人の他の所得と合算される
☑法人の不動産をオーナー親族に低額で譲渡する場合、寄附金課税がなされることも

法人が所有する不動産を売却した場合には、その売却による損益はその法人の他の所得と合算されます。個人が売却する場合との相違としては、不動産の所有期間により法人税率が変わることがないこと（土地重課制度については、現在停止中のため考慮しません）、また、売却損が出た場合にはその法人の他の所得と合算されるため、個人でいう損益通算のような効果を得ることなどが挙げられます。

なお、法人の不動産を法人オーナー親族に低額で譲渡するなどのケースについては、法人は時価で取引したこととされるため、時価と譲渡価額との差額について寄附金課税がなされる場合があります。

■譲渡損益の取り扱い

法人が所有する不動産を売却した場合には、譲渡収入からその不動産の帳簿価額や譲渡費用を差し引いた金額がその法人の益金または損金となります。

■譲渡による収益の計上時期

（1）収益計上時期の原則

不動産譲渡による収入の計上時期は、原則としてその引き渡

しがあった日とされます。引き渡しがあった日とは、譲渡の相手方において使用収益ができることとなった日などがわかる場合はその日となり、その引き渡し日がいつであるか明らかでないときは次のいずれか早い日に引き渡しがあったものとされます（法基通２-１-２）。

① 代金の相当部分（おおむね50％以上）を収受するに至った日

② 所有権移転登記の申請（その登記の申請に必要な書類の相手方への交付を含む）をした日

（２）収益計上時期の特例

収益計上時期の特例として、法人がその不動産の譲渡に関する契約の効力発生の日とすることもできます（法基通２-１-14）。

▌低額譲渡の場合の取り扱い

法人が所有する不動産を法人オーナー親族に譲渡するケースなどにおいて、その譲渡価額を市場価額（時価）よりも低い価額で譲渡することがあります。法人はその存在自体が利益を追求する事業体であると考えることから、税法においては法人が行う取引についてはすべて時価で行われるものとされます。従いまして、時価よりも低い価額で譲渡した場合には、時価と譲渡価額の差額は寄附金、交際費、役員給与など損金算入に制限のある取り扱いを受ける可能性があります。

▌共有地の分割による譲渡の取り扱い

法人が他の者と土地を共有している場合において、その共有にかかる土地をその持分に応じて分割したときは、その分割による土地の譲渡はなかったものとして取り扱われ、その分割に要した費用の額は、その支出をした日の属する事業年度の損金に計上することができます（法基通2-1-19)。

法人が売却する場合の特例　2

☑法人が不動産を譲渡する場合の特例制度としては、圧縮記帳が可能になるものと、特別控除ができるもの、その両方が認められるものがある

法人が不動産を譲渡する場合の特例制度としては次のようなものがあります。

- ・交換の圧縮記帳
- ・収用換地等の圧縮記帳又は特別控除
- ・特定の長期所有土地等の所得の1,000万円特別控除
- ・特定資産の買換えの圧縮記帳
- ・平成21年及び平成22年に土地等の先行取得をした場合の圧縮記帳

交換の圧縮記帳（法法50）

（1）制度概要

固定資産を交換した場合には、原則として交換取得資産の時価と交換譲渡資産の帳簿価額との差額が譲渡益として課税されるところですが、種類や用途が同様の資産を交換した場合には、従来と経済的効果が変わらないことから、次の要件のすべてを満たしている場合には、その譲渡益に対して圧縮記帳が認められています。

①　交換譲渡資産の要件

交換により譲渡する資産は、１年以上所有していた土地等、建物（建物附属設備、構築物を含む）、機械装置等である必要があります。

② 交換取得資産の要件

交換により取得する資産は、次のすべてを満たす必要があります。

・他の者が１年以上所有していた固定資産で譲渡資産と同一種類の資産であること

・交換譲渡資産の譲渡直前の用途と同一の用途に供する必要があり、同一の用途であるかどうかについては、その資産の種類に応じて、おおむね次の区分により判定します（法基通10-６-７）。

譲渡資産	譲渡直前用途との判定区分
土地	宅地、田畑、鉱泉地、池沼、山林、牧場又は原野、その他の区分
建物（建物附属設備、構築物を含む）	居住用、店舗又は事務所用、工場用、倉庫用、その他の用の区分
機械装置	旧耐用年数省令別表第２に掲げる設備の種類の区分

・交換の相手方が交換のために取得したと認められるものでないこと

③ 交換差金等の要件

交換差金等の金額が、交換取得資産の時価と交換譲渡資産の時価との差額が、これらの時価のいずれか多い価額の20％相当額以下である必要があります。

なお、２種類以上の固定資産を同時に交換した場合、例えば土地及び建物を譲渡し、土地及び建物を取得した場合には、土地は土地と、建物は建物とそれぞれ交換したものとします。この場合において、土地及び建物の全体の価額としては等価であっても、土地と土地、建物と建物とはそれぞれ時価が異なっているときは、それぞれの交換の時における価額の差額は交換差金等となりますので留意する必要があります（法基通10-6-4）。

（2）圧縮限度額の計算（法令92）

圧縮限度額の計算は、それぞれの交換形態により、次のように計算されます。

① 交換差金等がない場合

計算式

圧縮限度額 ＝ 取得資産の価額 －（譲渡資産の譲渡直前の帳簿価額 ＋ 譲渡経費）

② 交換差金等を取得した場合

計算式

圧縮限度額 ＝ 取得資産の価額 －（譲渡資産の譲渡直前の帳簿価額 ＋ 譲渡経費）

× 取得資産の価額 ／（取得資産の価額 ＋ 交換差金等）

③ 交換差金等を交付した場合

計算式

圧縮限度額 ＝ 取得資産の価額 －（譲渡資産の譲渡直前の帳簿価額 ＋ 譲渡経費 ＋ 交換差金等）

収用換地等の圧縮記帳または特別控除

（1）制度概要

法人が所有する資産について、収用等及び換地処分等（以下、収用換地等）があった場合で、その収用換地等による補償金、対価または精算金の額（以下、補償金等）を取得し、その補償金等で代替資産を取得した場合には、一定金額の圧縮記帳が認められています（措法64）。また、圧縮記帳の適用に代えて譲渡益の金額と5,000万円とのいずれか低い金額の特別控除を受けることができます（措法65の２）。

（2）補償金等の種類と税務上の取り扱い

収用換地等による圧縮記帳等の適用がある補償金等は、名義のいかんを問わず、収用等による譲渡の目的となった資産の収用等の対価たる金額（以下、対価補償金）に限られるため、収益補償金、経費補償金、移転補償金、その他対価補償金たる実質を有しない補償金は、一定の場合を除き、対価補償金に該当しません（措法64③、措通64（２）-１）。

（3）代替取得資産の範囲

代替取得資産の範囲は以下のとおりです（措法64、措令39、措規22の２）。

①　譲渡資産と同種類の資産または権利

②　２種類以上の資産で一の効用を有する一組の資産と同じ効用を有する資産

③　事業の用に供する減価償却資産又は土地等

（4）圧縮限度額の計算（措法 64、措令 39）

圧縮限度額は次のように計算されます。

計算式

圧縮限度額 ＝ A × 差益割合(B)

A：代替資産の取得価額と（補償金等ー一定の譲渡経費）のいずれか少ない金額

$$B:\frac{\text{〔（補償金等ー一定の譲渡経費）ー譲渡資産の帳簿価額〕}}{\text{（補償金等ー一定の譲渡経費）}}$$

(5) 特別控除額

収用換地等により補償金等を取得した場合において、次のすべてを満たしているときは、譲渡益の額と5,000万円(※)のいずれか低い金額を損金の額に算入することができます(措法65の2)。

① その譲渡を行った事業年度のうち同一の年に属する期間中に収用換地等により譲渡した資産の全てについて圧縮記帳等の適用を受けていないこと

② その譲渡が最初に買取り等の申出があった日から6か月以内に行われたこと

③ その譲渡が最初に買取り等の申出を受けた者によって行われたこと

(※) 収用換地等を含め、次のような特定の事業により土地等の買い取りがなされた場合にも、一定の特別控除の適用が認められています。なお、譲渡の日の属する年におけるこれら特別控除額の合計額が5,000万円を超える場合には、その超える部分の金額は損金の額に算入できません(措法65の6)。

・収用換地等　5,000万円(措法65の2)
・特定土地区画整理事業のための譲渡　2,000万円(措法65の3)
・特定住宅造成事業等のための譲渡　1,500万円(措法65の4)
・農地保有の合理化のための農地等の譲渡　800万円(措法65の5)

▍特定の長期所有土地等の所得の1,000万円特別控除

平成21年(2009年)1月1日から平成22年(2010年)12月31日までの期間内に取得した国内にある土地等(棚卸資産を除く)で、その取得の日から引き続き所有し、かつ、その所有期間(その取得をした日の翌日からその土地等の譲渡をした日の属する年の1月1日までの所有していた期間)が5年を超えるものの譲渡をした場合において、その法人がその土地等の

譲渡により取得した対価の額又は資産（以下、交換取得資産）の価額が、その譲渡をした土地等の譲渡直前の帳簿価額とその譲渡をした土地等の譲渡に要した経費で一定の金額との合計額を超え、かつ、その法人がその事業年度のうち同一の年に属する期間中にその譲渡をした土地等のいずれについても措法65条の７～措法65条の９まで、または措法66条までの規定の適用を受けないときは、その超える部分の金額と1,000万円とのいずれか低い金額をその譲渡の日を含む事業年度において特別控除を受けることができます（措法65の５の２）。

■ 特定資産の買換えの圧縮記帳

（1）制度概要

法人が所有する既成市街地等内にある一定の資産等を譲渡し、一定期間内に既成市街地等以外の地域にある一定の資産等を取得し事業の用に供した場合には、一定金額の圧縮記帳が認められています（措法65の７～措法65の９）。

（2）圧縮限度額の計算

圧縮限度額は次のように計算されます。

計算式

圧縮限度額 ＝ 圧縮基礎取得価額(A) × 差益割合(B) × 80%(注)

A：買替資産の取得価額と譲渡資産の譲渡対価とのいずれか低い金額

B：〔譲渡資産の譲渡対価の額－(譲渡資産の譲渡直前の帳簿価額＋一定の譲渡経費)〕／譲渡資産の対価の額

（注）
①地域再生法に規定する一定地域の場合70%
②上記①を除く集中地域の場合75%

▌平成21年及び平成22年に土地等の先行取得をした場合の圧縮記帳

法人が平成21年（2009年）1月1日から平成22（2010年）年12月31日までの期間内に国内にある土地等の取得をし、かつ、その取得の日を含む事業年度の確定申告書の提出期限までに、その取得をした土地等につき圧縮記帳の適用を受けようとする旨の届出書を提出している場合において、その取得の日を含む事業年度終了の日後10年以内に、その法人の所有する土地等の譲渡をしたときは、その先行取得土地等につき、その土地等にかかる譲渡利益金額の80%（その譲渡の日を含む事業年度においてこの規定の適用を受ける先行取得土地等が平成22年（2010年）1月1日から同年12月31日までの間に取得されたもののみである場合には60%）に相当する金額を限度として圧縮記帳の適用を受けることができます（措法66の2①）。

個人が売却する場合の税務　3

☑売却による収入金額から、取得費と譲渡費用を差し引いた金額に、所得税が課税される

☑土地建物等の売却で生じた損失は他の土地建物等の売却による所得と相殺できるが、一定の場合を除き他の所得と相殺することや、その損失を翌年以降に繰り越すことはできない

▌譲渡所得金額の計算

個人が土地建物等の売却をした場合には所得税が課され、次の算式により計算されます（措法31、32）。

計算式
譲渡所得 ＝ 土地建物等の売却収入金額 －（ その土地建物等の取得費 ＋ 譲渡に要した費用 ）

なお、法人の場合と異なり、その個人に不動産所得、事業所得、給与所得などの他の所得がある場合においても、それら他の所得と譲渡所得を合算することはなく、譲渡所得単独で譲渡所得用の所得税率が課されます。

▌所得税率

譲渡所得金額に対して課される所得税率は、その土地建物等の「所有期間」に応じて次のようになります。

譲渡所得の区分	所有期間(注)	税率
短期譲渡所得金額	５年以下	合計39.63% (所得税30%、復興特別所得税0.63%、住民税９%)
長期譲渡所得金額	５年超	合計20.315% (所得税15%、復興特別所得税0.315%、住民税５%)

（注）譲渡所得金額計算における「所有期間」とは、その譲渡をした年の1月1日における所有期間で判定し、その譲渡をした資産のその取得の日の翌日から譲渡をした年の1月1日における所有期間が5年以内のものが「短期譲渡所得」となり、その取得の日の翌日から譲渡した年の1月1日における所有期間が5年超のものが「長期譲渡所得」となります。

土地建物等の譲渡による損失

土地建物等の譲渡による損失の金額は、一定の場合を除き、他の所得との損益通算はできませんが、その年において他の土地建物等の譲渡による所得がある場合には、その所得とは相殺することが可能です。ただし、他の土地建物等の譲渡による所得と相殺しきれなかった損失については、翌年以降に繰り越すことはできません。

個人が不動産を売却する場合の取得費　4

☑原則として、取得に要した金額、設備費及び改良費の額の合計額から減価償却累計額等を差し引いた金額が取得費となる
☑相続で取得した土地等を譲渡する場合には、相続税額の取得費加算の特例がある

取得費の原則

個人が土地建物等を譲渡した場合の譲渡所得金額計算における取得費は、その譲渡した資産の取得に要した金額、設備費及び改良費の額の合計額（以下、取得価額等）となりますが、その資産が使用または期間の経過により減価する資産である場合には、その取得価額等から減価償却費の累積額等を差し引いた金額となります（所法38）。

土地建物等の取得費の特例

個人が昭和27年12月31日以前から引き続き所有していた土地建物等を譲渡した場合における取得費は、その収入金額の５％相当額となります。ただし、その金額が上記「取得費の原則」で計算した金額に満たないことが証明された場合には、上記「取得費の原則」で計算した金額によることができます（措法31の４）。

なお、この特例計算方法は、昭和27年12月31日以前から引き続き所有している土地建物等だけでなく、昭和28年１月１日以後に取得した土地建物等についても適用することができます（措通31の４-１）。

この取得費の特例による場合には、償却費相当額を控除する必要はありません。

相続により取得した土地建物等の取得費

相続により取得した資産を譲渡した場合には、相続により取得した人が引き続き所有していたものとみなして、被相続人の取得費及び取得時期を引き継ぐことなります（所法60）。

相続税の取得費加算の特例

相続または遺贈により取得した土地等を譲渡した場合で一定の場合には、支払った相続税の一部を取得費に加算することができます（194ページ参照）。

個人が不動産を売却する場合の譲渡費用　5

☑資産の譲渡のために直接要した費用、立退料、建物の取壊し費用などが、個人の譲渡所得金額の算定時に譲渡費用として控除できる

個人の譲渡所得金額は、譲渡収入金額からその資産の取得費及びその資産の譲渡に要した費用の額の合計額を控除することにより計算されますが、その「資産の譲渡に要した費用の額」（以下、譲渡費用）とは、資産の譲渡のために直接要した費用、立退料、建物の取壊し費用、資産の譲渡価額を増加させるために支出した費用などです。

▌譲渡費用の範囲

譲渡費用とは資産の譲渡にかかる次に掲げる費用（取得費とされるものを除く）をいいます（所法33、所基通33-７）。

①　資産の譲渡に際して支出した仲介手数料、運搬費、登記もしくは登録に要する費用その他その譲渡のために直接要した費用

②　上記①に掲げる費用のほか、借家人等を立ち退かせるための立退料、土地等を譲渡するためにその土地の上にある建物等の取壊しに要した費用、既に売買契約を締結している資産を更に有利な条件で他に譲渡するためその契約を解除したことに伴い支出する違約金その他その資産の譲渡価額を増加させるためその譲渡に際して支出した費用

（注）譲渡資産の修繕費、固定資産税その他その資産の維持または管理に要した費用は、譲渡費用に含まれません。

資産の譲渡に関連する資産損失

土地の譲渡に際しその土地の上にある建物等を取り壊し、または除却したような場合において、その取壊しまたは除却がその譲渡のために行われたものであることが明らかであるときは、その取壊しまたは除却の時においてその資産の取壊しまたは除却による損失金額は、譲渡費用となります（所基通33-８）。

立退料、建物等取壊し費用、資産損失相当額の場面別の取り扱い

立退料、建物の取壊し費用、資産損失相当額については、それぞれ譲渡時、取得時、保有時（建て替え等がある場合）の場面により、税務上の取り扱いが異なります。それらを整理すると次のとおりとなります。

	譲渡時	取得時	保有時（建て替え等）
立退料	譲渡費用	取得価額	必要経費
建物等取壊し費用	譲渡費用	土地の取得価額	必要経費
資産損失相当額	譲渡費用	土地の取得価額	必要経費

個人が事業用不動産を売却する場合の特例 6

☑事業用の土地建物等を譲渡し、一方で買換資産を取得して事業用にした場合等において、譲渡所得金額の一部の課税を繰り延べる、事業用不動産の買換えの特例がある

個人事業用不動産を買換えた場合には、事業用不動産の買換えの特例があります。これは、個人が令和５年（2023年）12月31日までに、事業の用に供している特定の地域内の一定の土地建物等を譲渡し、一定期間内に特定の地域内にある一定の買換資産の取得をして、その取得の日から１年以内に事業の用に供した場合等においては、その譲渡所得金額の一部の課税を繰り延べることができるという制度です。

▍事業用不動産の買換えの特例の適用要件

事業用不動産の買換えの特例の適用要件は、以下の通りです(措法37)。

①　譲渡資産と買換資産は共に事業用であること

②　譲渡資産と買換資産は、一定の組み合わせに当てはまるものであること

③　買換資産が土地等であるときは、取得する土地等の面積が、原則として譲渡した土地等の面積の５倍以内であること

④　一定の場合を除き資産を譲渡した年、またはその前年、あるいはその翌年中に買換資産を取得すること

⑤　買換資産を取得した日から１年以内に事業の用に供すること

譲渡所得金額の計算

譲渡所得金額はそれぞれの場合に応じて次のように計算されます。

（1）譲渡資産の譲渡価額≦買換資産の取得価額

計算式

譲渡所得金額 ＝ ① － ②

①譲渡収入金額＝譲渡資産の譲渡価額×20%
②必要経費＝(譲渡資産の取得費+譲渡費用)×20%

（2）譲渡資産の譲渡価額＞買換資産の取得価額

計算式

譲渡所得金額 ＝ ① － ②

①譲渡収入金額＝譲渡資産の譲渡価額－買換資産の取得価額×80%
②必要経費＝(譲渡資産の取得費+譲渡費用)× $\frac{①}{\text{譲渡資産の譲渡価額}}$

居住用不動産を売却する場合の特例　7

☑居住用不動産の売却については、譲渡益と譲渡損が生じた場合のそれぞれに譲渡所得の特例がある

居住用不動産を譲渡した場合の譲渡所得の特例としては、譲渡益が生じた場合と譲渡損が生じた場合に応じてそれぞれ次の特例があります。

〔譲渡益が生じた場合〕

（1）長期譲渡所得の場合の軽減税率の特例

（2）3,000万円特別控除

（3）特定の居住用財産の買換えの特例

〔譲渡損が生じた場合〕

（1）買換えによる譲渡損失の損益通算及び繰越控除

（2）特定居住用財産の譲渡損失の損益通算及び繰越控除

長期譲渡所得の場合の軽減税率の特例（措法31の3）

その年1月1日における所有期間が10年超の国内にある一定の居住用不動産を譲渡した場合には、次の税率で計算します。

6,000万円以下の所得に対する税率

…14.21%（所得税等10.21%、住民税4%）

6,000万円超の所得に対する税率

…20.315%（所得税等15.315%、住民税5%）

なお、上記をまとめた速算式としては以下の算式により計算できます。

計算式
所得税額＝所得金額×20.315%−3,663,000円

3,000万円特別控除（措法35）

一定の居住用不動産を譲渡した場合等で一定の場合には、その譲渡所得金額から3,000万円（譲渡所得が3,000万円に満たない場合には、その譲渡所得金額）を控除した金額とすることができます。

この3,000万円特別控除については、所有期間の制限もありませんし、国内不動産でなければいけないという制限もありません。

なお、要件を満たしていれば、この特例と前述の長期譲渡所得の軽減税率の特例は併用することができます（空き家譲渡の特例については、196ページに詳細を記述しています）。

買換えの特例（措法36の2～36の4）

令和3年（2021年）12月31日までの間に、その年1月1日における所有期間及び居住期間が10年超の一定の居住用不動産の譲渡（譲渡対価1億円超の譲渡を除く）をし、国内にある不動産を取得した場合等で、その取得の日から譲渡の日の翌年12月31日までに居住の用に供した場合等一定の場合の譲渡所得計算は、それぞれ次のように計算することができます。

（1）譲渡資産の譲渡価額≦買換資産の取得価額

譲渡資産の譲渡はなかったものとされ全額課税の繰延べとなります。

（2）譲渡資産の譲渡価額＞買換資産の取得価額

長期譲渡所得＝①−②

① 譲渡資産の譲渡価額−買換資産の取得価額

② (譲渡資産の取得費＋譲渡費用) $\times \frac{①}{\text{譲渡資産の譲渡価額}}$

■買換え等の場合の譲渡損失の損益通算及び繰越控除（措法41の5）

令和3年(2021年)12月31日までにその年1月1日における所有期間が5年超の一定の居住用不動産の譲渡をした場合の一定の譲渡損失がある場合で、その譲渡の日の属する年の前年1月1日から翌年12月31日までに居住用不動産を取得し、その取得の年の12月31日において取得した資産にかかる一定の住宅ローンがあり、その取得の日の翌年12月31日までに居住の用に供した場合で一定の場合には、その譲渡損失を他の所得と損益通算をすることができます。また、損益通算してもなお控除しきれない譲渡損失がある場合には、その損益通算をした年の翌年以後3年間一定の他の所得から控除することができます。

■特定居住用財産の譲渡損失の特例（措法41の5の2）

令和3年（2021年）12月31日までにその年1月1日における所有期間が5年超の一定の居住用不動産の譲渡をした場合の一定の譲渡損失がある場合で、その譲渡契約をした日の前日において譲渡資産にかかる一定の住宅ローンがある場合には、その譲渡損失の金額または住宅ローン残高から譲渡対価を控除した残額のいずれか少ない金額を損益通算することができます。

また、損益通算してもなお控除しきれない譲渡損失がある場合には、その損益通算をした年の翌年以後3年間一定の他の所得から控除することができます。

個人が不動産を売却した場合の消費税 8

☑不動産の売却のうち、建物や建物附属設備の売却には消費税が課税されますが、土地の売却は非課税
☑居住用の賃貸建物を 1,000 万円超の対価で売却した場合は、売却した年の２年後に消費税の納税義務が生じる

消費税の課税対象となる取引

事業者が不動産を売却した場合において、建物や建物附属設備の売却に対しては消費税が課税されますが、土地の売却は非課税取引となるため消費税は課税されません。

また、賃貸収入については、土地の賃貸収入や居住用アパート・マンション等の賃貸収入は消費税は非課税となります。

売却の２年後に納税義務者となる可能性に注意

消費税の納税義務者は基準期間（その年の前々年）の課税売上高が1,000万円を超える場合等ですので、居住用の賃貸アパート経営のみである場合には、仮に賃貸収入が1,000万円を超える場合でも消費税の納税義務者にはなりません。

ですので、消費税の納税義務者でない年に、課税取引となる賃貸建物を譲渡した場合でも、その年は消費税の納税義務者とはなりません。

しかし、その賃貸建物の譲渡金額が1,000万円を超える場合には、その譲渡年の２年後に消費税の納税義務者となりますので、消費税申告や納税の準備、さらには消費税を節税するための簡易課税制度選択の検討のほか、将来において新たな不動産

物件の購入を検討している場合には、その納税義務者となる年に行うことにより、建物や建物附属設備の購入にかかる消費税の還付を受けるなどの検討をすることもできます。

ただし、譲渡年の２年後に消費税の納税義務者となる場合でも、その２年後に課税売上高がない場合には消費税の納税は発生しません。また、その２年後に新たな建物等購入による消費税の還付を受けようとする場合でも、その購入する建物等が居住用賃貸建物である場合には、それに係る消費税の還付（控除）を受けることはできませんし、その他の建物等を購入する場合でも、消費税の課税売上割合により、その建物等購入による消費税の全額が還付の対象となるわけではないことにも留意すべきです。

第3章

所得税対策と相続税対策

この章を読む前に

1　所得税対策としての不動産取引

ここでは、「どうやって税負担を抑えて不動産を活用するか」を考えます。

方法1　「個人」「法人」のどちらで取得・保有するか、より良いほうを選択

本項目の1～4へ

方法2　建物の建て替え・修繕で生命保険を活用

本項目の6へ

方法3　そのほか知っておくとよいこと

本項目の5・7へ

2　相続税対策としての不動産取引

ここでは、「揉めずに、そして負担を最小限に、相続を乗り切るにはどうするか」を考えます。

もう相続が起こってしまったなら

方法1 トラブルが起こらないように不動産を分割する

本項目の1・4、12〜15へ

方法2 様々な税制上の特例を利用しよう

本項目の2・3へ

相続までに時間があるなら

方法1 メリットとリスクを踏まえて節税策を検討

本項目の5〜7へ

方法2 生前に不動産を贈与しておくなら

本項目の8〜11へ

賃貸用不動産を個人で取得する場合と法人で取得する場合の違い

1

☑賃貸による運用時、不動産売却時、相続発生時それぞれの場面で税制上の違いがある

賃貸による運用時、不動産売却時、相続発生時それぞれの場面において個人で所有している場合と法人で所有している場合の税制上の違いがあります。

【運用時】

・税率の違い

・不動産所得が黒字または赤字となった場合の違い

・不動産所得以外の所得の有無による違い

【売却時】

・税率の違い

・譲渡益となるか譲渡損となるかによる違い

・不動産所得以外の所得の有無による違い

【相続時】

・土地建物等の評価方法の違い

・借入金の有無による違い

・相続時までの賃料収入の蓄積先の違いによる相続税への影響

・２次相続での小規模宅地等の評価減の特例の検討

■運用時における違い

（1）個人の場合

①　税率・青色申告特別控除の適用

個人の所得に対する税率は、超過累進税率となっており所得税・復興特別所得税・住民税併せて以下の表のとおりとなっています。つまり所得が高くなるほど税負担が大きくなります。ですので、不動産所得以外に個人事業を行っている場合や会社勤めによる給与収入がある場合には、不動産所得にそれら事業所得や給与所得を合算することになりますので、税率が高くなる可能性があります。

また、事業的規模での不動産貸付であれば、不動産所得の計算において65万円（または55万円）の青色申告特別控除を受けることができます（事業的規模でない不動産貸付の場合の青色申告特別控除額は10万円、詳しくは123ページを参照）。そして、事業的規模での不動産貸付業の場合は個人事業税の課税対象となり、年間290万円の事業主控除額を差し引いた金額に５％の個人事業税が課されます。

【所得税・復興特別所得税・住民税合算税率速算表
（課税総所得金額、課税退職所得金額、課税山林所得金額）】

課税総所得金額等		所得税・復興特別所得税・住民税合算税率	控除額
-	1,950,000円以下	15.105%	-
1,950,000円超	3,300,000円以下	20.210%	99,548円
3,300,000円超	6,950,000円以下	30.420%	436,478円
6,950,000円超	9,000,000円以下	33.483%	649,356円
9,000,000円超	18,000,000円以下	43.693%	1,568,256円
18,000,000円超	40,000,000円以下	50.840%	2,854,716円
40,000,000円超	-	55.945%	4,896,716円

②　不動産所得が赤字となった場合

不動産所得が赤字となった場合には、その損失を事業所得や給与所得などの他の所得と損益通算することができます。事業所得や給与所得など他の所得がない場合には、その損失が生じた年分の所得税につき、青色申告書を提出しており、その翌年以後も引き続き確定申告書を提出していれば、その損失は、その損失の生じた年の翌年以後3年間繰り越すことができます。

なお、不動産所得の損失の金額については121ページ「土地負債利子の損益通算不適用」を参照してください。

(2) 法人の場合

① 税率・オーナーへの給与支払いが可能

法人の所得に対する実効税率は、中小企業の場合で以下の表のとおりとなります。個人の所得税率と比較すると、法人の場合は一律の税率ですので、所得が高くなるほど法人の方が有利となります。

【実効税率の表】

中小法人	年400万円以下の所得	25.84%
	年400万円超800万円以下の所得	27.55%
	年800万円超の所得	33.58%

また、法人と個人の大きな違いは、法人ではオーナー経営者（以下、「オーナー」）に対して給与を支払うことができるということです。個人での不動産貸付業を行う場合には、不動産オーナー自身に給与を支払うことができません。従いまして、法人の場合は、仮に不動産事業により発生した所得をすべてオーナーに対する給与として損金とすれば、法人の所得はゼロとなり、法人税の負担はなくなります。

なお、オーナーに支給した給与には、オーナーに個人所得税が課税されますが、給与所得は給与収入から給与所得控除額を控除した金額ですので、個人の不動産所得よりも税負担が軽減されますし、給与所得には個人事業税は課税されません。

② 不動産所得が赤字となった場合

法人は、その法人内に不動産事業以外にも複数の事業を行っている場合においても、その事業ごとに所得を計算することはなく、法人全体で損益を計算します。従いまして、不動産事業で損失となった場合には、その損失を他の事業の所得と相殺することとなります。中小法人等においては、他の事業の所得と相殺をしてもなお損失となる場合には、その損失の生じた事業年度について青色申告書を提出し、その後連続して確定申告書を提出していれば、その損失は翌年以降９年間（平成30年（2018年）４月１日以降開始事業年度は10年間）繰り越すことができます（青色申告書を提出した事業年度の欠損金の繰越控除。法法57）。

なお、法人の場合は、土地負債利子の損失に関する損金算入制限はありません。

▌売却時

（1）個人の場合

① 税率

個人が所有する不動産を売却した場合の税率は、その所有期間に応じて以下の表のとおりとなります。なお、個人が所有する不動産の譲渡所得は、給与所得や事業所得などの他の所得と合算しません（分離課税）。

区分(所有期間については149ページ(注)参照)	税率(所得税・復興税、住民税)
短期譲渡所得（所有期間５年以下）	39.63%（所得税・復興税30.63%、住民税９%）
長期譲渡所得（所有期間５年超）	20.315%（所得税・復興税15.315%、住民税５%）

② 譲渡損失となった場合

不動産の売却により譲渡損失となる場合には、他の不動産の売却による譲渡益と相殺することはできますが、特定居住用不動産を譲渡した場合等一定の場合を除いて、給与所得や事業所得などの他の所得と損益通算することはできません。つまり、その譲渡損失は切り捨てられ、また繰越控除も認められていません。

（2）法人の場合

① 税率

法人で所有する不動産を売却した場合には、個人のように所得区分による税率の違いはありませんので、不動産貸付業による賃貸損益と合算されるだけでなく、その法人で営んでいる他の所得とも合算して法人の所得を計算します。法人税率は前述164ページ「運用時における違い」（２）①法人の場合の税率を参照してください。

個人の税率と比較しますと、長期譲渡所得となる場合の税率は個人の方が有利となります。ただし、譲渡利益が見込まれる場合において、個人の場合は譲渡収入から差し引くことができるのは、その不動産の取得費と譲渡費用のみであることに対して、法人の場合は、その法人内で営む不動産貸付業で必要な修繕費を計上するなどの対策も検討できますし、他事業で生じた損金との相殺や、役員報酬を見直すなどの検討をすることによって個人の税率との差を埋めるような対策を行うことができます。

② 譲渡損失となった場合

法人で所有する不動産を売却して譲渡損失となった場合には、その法人内で営む不動産貸付業による所得のほか、その法人内で営む他の所得との相殺ができます。また、その譲渡損失が他の所得と相殺しきれない場合には、167ページ（2）②の青色申告書を提出した事業年度の欠損金の繰越控除の適用を受けることができます。

相続時

（1）個人の場合

① 土地建物等の評価方法

土地建物等を所有する個人に相続が発生した場合には、土地建物等は、相続税評価額により評価されます。仮にその土地建物等にかかる借入金がある場合には、その借入金は債務控除の対象となり、相続税の課税価格から差し引くことができます。

また、その土地等が賃貸用不動産であり、貸付事業用宅地等に該当すれば、200㎡までの部分につき50%の小規模宅地等の特例の適用を受けることができます。

② 賃料収入の蓄積先

個人で取得した土地建物等で不動産貸付業を行う場合には、その賃料収入は個人に帰属します。すなわちその賃料収入の蓄積は個人の相続財産を構成することになります。

（2）法人の場合

①　土地建物の評価方法（株価評価の計算要素となる）

法人で土地建物等を保有し、その法人の株主に相続が発生した場合には、その土地建物を保有する法人の株式持分が相続税の対象となります。つまり、法人が取得している土地建物が個別で株主の相続財産となるのではなく、その法人の株価評価の計算要素となるわけです。

なお、法人の土地建物等にかかる借入金がある場合には、その株式の評価計算上マイナスの財産としてプラスの資産から控除する対象とはなりますが、仮にその法人の資産総額よりも借入金額の方が多額であった場合でもその債務超過分は、個人株主の相続財産から差し引くことはできず、単に株価がゼロとなるだけとなります（株価のマイナスという考え方はなく、債務超過分は切り捨てとなります）。

また、その法人の資産のうちに占める土地等の割合が一定の基準に該当する場合には、「土地保有特定会社」とされ、その法人の株式の相続税評価は純資産価額方式により評価されることとなります。

加えて、その株主の相続開始前３年以内に土地建物等を取得等した場合で、その法人の株式を純資産価額方式で評価する場合には、その土地建物等は相続税評価額で評価することはできず、その土地建物等の課税時期の通常の取引価額（時価）で評価することとなります（評基通185）。通常、土地建物等の相続税評価額は時価よりも低い金額であることが多いことから、土地建物等の相続税評価額に焦点をあてた相続税対策においては、相続開始までのタイムリミットが３年以内と想定される場合には、土地建物等は個人で取得した方が有利となります。

そして、法人が所有する土地等については、小規模宅地等の特例の適用もありません。

② 賃料収入の蓄積先

法人で土地建物等を保有している場合の賃料収入は法人に帰属することから、直接個人の相続財産を構成するのではなく、①の法人の株式の相続税評価額（株価）の計算上プラスの財産を構成することになります。

相続税対策として設立した法人に賃貸不動産を譲渡するなら　2

☑法人への個人所有不動産の売却は、所得税の節税対策のほか、相続税対策・事業承継対策としても有効なことも
☑この際に重要なのは、①不動産の譲渡価額をいくらにするか、②法人が個人から購入する際の資金の手当て、③個人及び法人の諸費用の負担

不動産の譲渡価額の算定

親族間など同族関係者間での不動産の売買においては、不動産の売買価額を税務上有利になるようにコントロールしやすいため、税務当局から売買価額について否認されないためにも、不動産鑑定士による鑑定評価書に基づくなど、公正で客観的と認められる価額で売買するべきです。

法人に譲渡することによるメリット

(1) 所得の分散効果

個人が保有する賃貸不動産であれば、その家賃収入は個人に蓄積されるため、現預金という形で相続財産が年々増加することになりますが、この賃貸不動産を法人に譲渡した場合には、譲渡時以降の家賃収入は法人に蓄積されることから、個人の相続財産から切り離すことができます。

(2) 相続財産が不動産から未上場株式に変わる

個人が所有している賃貸不動産について土地及び建物それぞれの相続税評価額により相続財産を構成します。この不動産を自身が設立した法人に譲渡することにより、相続財産が土地及

び建物の不動産から設立した法人の未上場株式に変わります。この未上場株式の評価は、一般的に土地及び建物そのものの相続税評価額よりも低くなります。また、その未上場株式の評価額を下げる方法を検討するなどの選択肢を検討することもできます。

（3）次世代承継対策

法人の株主を相続人にすることにより、その賃貸不動産は法人の未上場株式という形で相続人に帰属することになります。賃貸不動産を特定の相続人に承継させたい場合などに有効です。

▌法人に譲渡することのデメリット

（1）法人は買い取り資金の準備が必要

法人で不動産を買い取る資金が必要となります。法人に資金がない場合には融資が必要となりますので、事前に金融機関に相談しながら進めることも必要です。

なお、法人に資金がない場合には、個人への支払いを分割にするなどの方法もありますが、その場合、個人においては法人に対する貸付債権となり、この貸付債権も相続財産を構成します。売却代金を現預金で受け取った場合でも貸付債権とした場合でも相続財産額としては変わりはありませんが、現預金で受け取る方が財産処分の自由度が高いことは言うまでもありません。

（2）譲渡する個人及び買い取る法人でのコスト

①　譲渡する個人のデメリット

不動産の売却については譲渡所得税が課されます。

②　買い取る法人のデメリット

不動産の取得に関する租税公課、不動産登記コスト、金融機関からの融資を受ける場合の金利や抵当権設定コストがかかります。

（3）相続対策での注意点

①　相続開始までのタイムリミット

設立した法人の株主に相続が発生した場合には、その相続開始前3年以内に取得した土地建物等の評価を取引価額（時価）で評価しなければならないケースがありますので、この相続対策には充分なゆとりを持つ必要があります（170ページ参照）。

②　小規模宅地等の特例の適用なし

法人に譲渡した土地等にについては、個人所有の土地等について適用を受けることができる小規模宅地等の特例の適用はありません。

設立するにはどの種類の法人があるか 3

☑法人には、株式会社、合同会社（LLC）、合資会社、合名会社がある

法人の種類

法人とは法律上の人格を持った組織のことです。法人に対して自然人（個人）があります。不動産貸付業を行うために適した法人は、株式会社か合同会社です。合同会社の認知度は低いですが、設立コストも安いですし、税法の規定も株式会社と同じ法人税法の適用を受けますので、法人を設立して経営するということの効果としては株式会社と変わりはありません。

法人の種類と特徴は以下のとおりです。

	株式会社	合同会社（LLC）	合資会社	合名会社
有限責任	○	○	×	▲
内部自治原則	×	○	○	○
パススルー課税	×	×	○	○

（1）有限責任

有限責任とは、出資者が出資額の範囲までしか責任を負わないことをいいます。仮に有限責任の法人が経営破綻に追い込まれた場合でも、出資者は自分が出資した金額が戻ってこない、というリスクだけを負えばよいことになります。

一方、無限責任とは、出資額の範囲のみならず、法人の事業と関係のない個人財産を処分するなどして、損害賠償責任等を負うことをいいます。

余談ですが、株式会社の代表者は、この有限責任のメリット

を享受していない人がほとんどです。それは金融機関から融資を受ける際には、代表者が担保を提供したり、代表者以外の保証人を立てなければならないからです。これは事実上、無限責任を意味します。

しかし、この有限責任性を有効にするために金融機関の融資姿勢が少しずつ変わりつつあるようです。担保や保証人などの物的担保に頼る融資ではなく、ビジネスの将来性や経営者に対して融資するというスタンスの金融機関も少しずつ増えてきているようです。

(2) 内部自治原則

① 内部組織の取り決めの柔軟性

内部自治原則とは、法人の意思決定をする際の自由度を示したもので、前ページの表で「○」としている法人は、社員(出資者)の自由な取り決めにより意思決定を行うことができることを表しています。「×」としている株式会社は、株主総会や取締役会などの意思決定機関を経た手続きが必要であるため、意思決定の柔軟性が乏しいことを表しています。

② 損益分配の自由

出資者の出資割合に関係なく、利益の分配や損失の負担を決めることができるかどうかを示すものです。前ページの表で「○」としている法人は、出資者の出資割合に関係なく、出資者たちの取り決めにより損益の分配を決定することができます。これに対し、「×」としている株式会社は、株主の出資割合に応じて、配当などの形で利益が分配されることを表しています。

(3) パススルー課税(構成員課税)

パススルー課税とは、法人で利益が出た場合でも、法人自体には課税されず、出資者に課税がなされることをいいます。損益の分配を受けた出資者は、各自の責任で確定申告などの納税手続きを行う必要があります。株式会社と合同会社は「×」となっており、いずれも法人で発生した所得に法人税が課税されます。節税のために不動産貸付業を株式会社や合同会社での法人経営とする理由のひとつには、「×」(パススルー課税でない)であることをあげることができます。

不動産を管理する法人形態はいろいろある 4

☑不動産を管理する法人の形態は大きく分けて①賃貸管理法人、②一括借り上げ（転貸）法人、③建物所有法人、④土地建物所有法人の４種類がある

不動産を管理する法人について、不動産の所有者の関係をまとめた表は以下のとおりです。

	賃貸管理法人	一括借り上げ法人	建物所有法人	土地建物所有法人
土地所有者	個人オーナー	個人オーナー	個人オーナー	法人
建物所有者	個人オーナー	個人オーナー	法人	法人

賃貸管理法人

土地建物は個人オーナーが所有したまま、入居者から賃料の集金や清掃維持管理などの管理業務を法人に委託する方式です。

個人オーナーは、賃貸管理法人に委託する管理業務内容に応じた管理報酬を支払います。

個人オーナーが、賃貸管理法人の役員または従業員となっている場合には、賃貸管理法人から給与を受け取ることもできます。また、個人オーナーが賃貸管理法人の株主である場合には、賃貸管理法人から配当を受け取ることもできます。

【取引関係イメージ図】

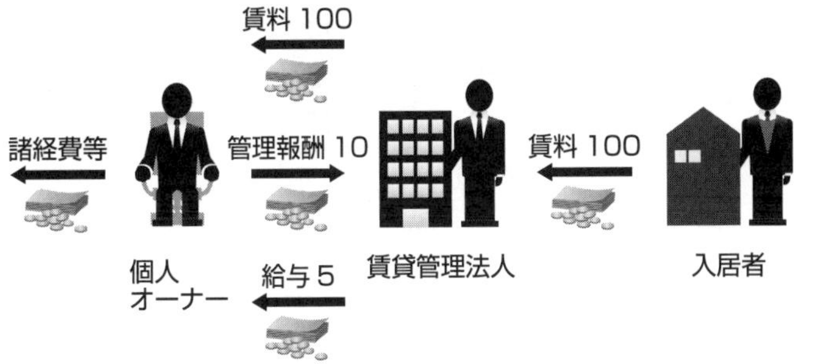

一括借り上げ法人

土地建物は個人オーナーが所有のままですが、賃貸物件を一括借り上げ法人が一括して賃借し、一括借り上げ法人が入居者と賃貸借契約を締結する方式です。

個人オーナーは、一括借り上げ法人から賃料を収受しますが、この賃料は、一括借り上げ法人が入居者から受け取る賃料よりも低い金額で設定されます。

個人オーナーは、空室リスクがなくなることを見合いに、賃料収入の減少を受け入れます。一方、一括借り上げ法人は、入居者からの賃料収入から個人オーナーに支払う賃料の差額が所得となりますが、空室リスクを抱えることになります。

個人オーナーが、一括借り上げ法人の役員または従業員となっている場合には、一括借り上げ法人から給与を受け取ることもできます。また、個人オーナーが一括借り上げ法人の株主である場合には、一括借り上げ法人から配当を受け取ることもできます。

【取引関係イメージ図】

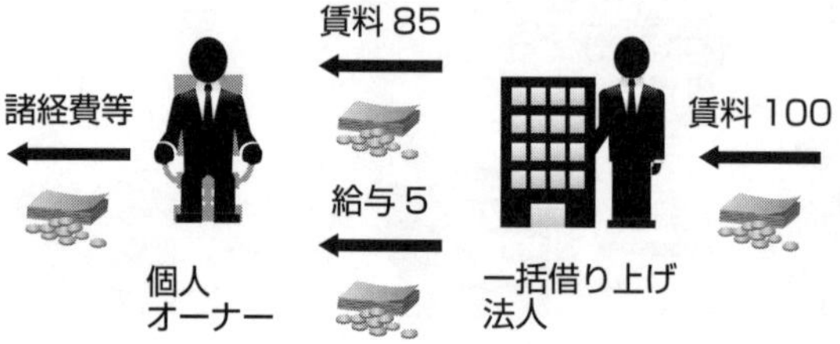

建物所有法人

土地は個人オーナーの所有とし、建物を法人に所有させ、法人が入居者と賃貸借契約を締結する方式です。賃貸収入は建物所有法人に帰属し、個人オーナーの収入は、建物所有法人からの地代収入となります。

また、個人オーナーが建物所有法人の役員または従業員である場合には、建物所有法人からの給与を受け取ることができますし、個人オーナーが建物所有法人の株主である場合には、配当を受け取ることもできます。

建物所有法人は、賃料収入から諸経費やオーナーへの地代あるいは給与を差し引いた金額が所得となります。

【取引関係イメージ図】

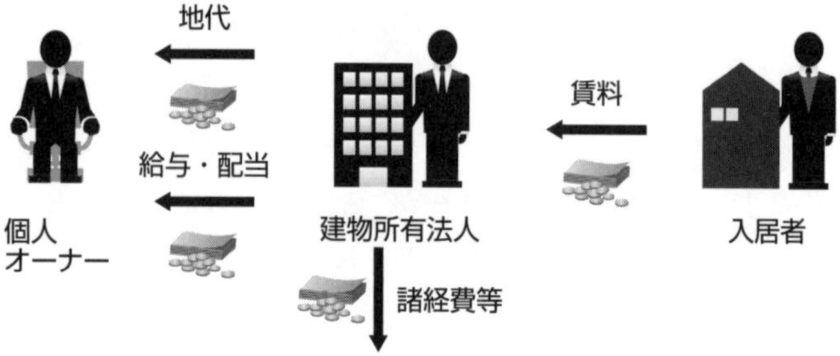

土地建物所有法人

土地と建物を法人の所有とし、土地建物所有法人が入居者と賃貸借契約を締結する方式です。

個人オーナーが、土地建物所有法人の役員または従業員となっていれば土地建物所有法人から給与を受け取ることができますし、個人オーナーがその土地建物所有法人の株主であれば配当を受け取ることもできます。

【取引関係イメージ図】

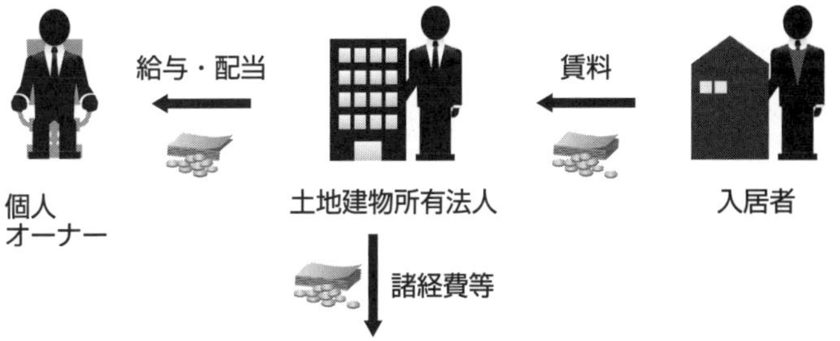

法人が建物を所有する場合の借地権の認定課税リスクとは？ 5

☑借地権の設定に際し、地主と借地人の間で権利金の授受がない場合には、地主から借地人に対して借地権の贈与があったものと認定され課税がなされる

地主の土地に借地人の建物がある場合には、通常借地人から地主に対して権利金が支払われます。この権利を借地権といいますが、借地権の金額は多額になるケースがほとんどであるため、地主と借地人が親族関係や同族法人である場合には、この権利金の授受が行われないことが多くあります。権利金の授受の慣行がある地域で権利金の授受をしない場合には、地主から借地人に借地権の贈与があったものとして権利金相当額の認定課税がなされます。

なお、この認定課税がなされるのは、地主または借地人が法人であるケースであり、地主及び借地人の双方が個人の場合には借地権の認定課税は行われません。権利金の授受がまったくなく、借地権の認定課税がなされる場合の個人と法人の課税関係は次のとおりです。

【個人が地主の場合】

	借地人が個人	借地人が法人
借地人への課税	認定課税なし	認定課税あり
地主（個人）への課税	認定課税なし	認定課税なし

【法人が地主の場合】

	借地人が個人	借地人が法人
借地人への課税	借地人が同族会社の役員である場合には役員給与	認定課税あり
地主（法人）への課税	認定課税あり	認定課税あり

借地人が法人の場合には、次の①または②のいずれかの場合を除き、借地権相当額について「(借方）借地権　／（貸方）受贈益」として益金計上がなされることになります（法令137、法基通13-1-3、13-1-7）。

①　地主が借地人から相当の地代を収受する場合

②　地主と借地人が連名により「土地の無償返還に関する届出書」を税務署に提出した場合

法人での生命保険活用とは　6

- ☑法人の損金算入効果やオーナー個人の節税効果については、内容をよく理解すること
- ☑「法人を設立すれば生命保険で節税できる」というセールストークを鵜呑みにしないこと
- ☑税制改正によるリスクがあることを理解すること

法人で生命保険契約をすることのメリットは、その保険商品によりますが、その支払保険料の全部または一部の金額を法人で損金計上できることです。これらのメリットを享受しながら個人オーナーの生前退職金や死亡退職金・弔慰金、更には賃貸物件の建て替えや大規模修繕などの資金需要にも備えることができます。

生前退職金の準備

（1）スキーム概要

役員である個人オーナーの勇退時期と退職金支給額をある程度決め、それに適した途中解約を前提とした生命保険契約を行います。そして勇退時に生命保険契約を解約して退職金支給の原資とします。その受け取る解約返戻金のうち保険積立金相当額を控除した金額が法人の益金となりますが、この益金を相殺できる金額の退職金を支給し損金に計上できれば、この節税プランは成功です。

（2）スキーム成功のための注意事項

スキーム成功のためには、法人の役員退職金規定の整備や退職金支給に関する手続き、支給する退職金額が適正であるかな

ど、退職金を損金に算入するための要件をクリアしておくことが大切です。これらの要件をクリアできない場合には税務当局から退職金の損金算入を否認される可能性があるため注意が必要です。

また、保険契約の際に保険会社から提示される保険設計書などのプランについても注意が必要です。それは、法人での損金算入による節税効果を検討するうえでの「実質返戻率」の計算が、その法人の所得に応じた実効税率に適しているかということです。実効税率が21.42％の水準の所得見込みの法人に対して、大企業の実効税率の29.74％を前提にした節税効果を示したプランを提示されることもあります。このようなことから節税メリットをも意識して生命保険契約を利用した退職金準備を行うには、税理士との綿密な打ち合わせが必要となります。

（3）個人オーナーの所得税の有利性

退職金を受け取る個人オーナーの退職金にかかる個人所得税は、以下の算式のとおり退職所得として計算しますので、不動産所得や給与所得などよりも有利になります。

計算式
退職所得 ＝（ 収入金額 − 退職所得控除額 ）× $\frac{1}{2}$（※）

※　役員等勤続年数が５年以下である人が支払いを受ける退職金のうち，その役員等勤続年数に対応する退職手当として支払を受けるもの（「特定役員退職手当等」）に該当する場合には、「２分の１」することはできません（所法30④）。

死亡退職金の準備

（1）スキーム概要

個人オーナーの死亡退職金を目的とした法人保険契約においては、個人オーナー死亡時には保険金は法人に入金されます。法人の益金となる金額も生前退職金の場合と同様ですので、その益金となる金額と相殺できる額の死亡退職金を支給し、損金計上できれば節税スキームは成功です。

（2）死亡退職金は相続税の対象

①　退職手当金等の非課税限度額の適用

被相続人の死亡後３年以内に支給が確定した死亡退職金は、みなし相続財産として相続人の相続税の対象となります。そして、相続税計算の際には、その退職手当金等を受け取った相続人（相続放棄をした者を除く）は、以下の算式で計算した「退職手当金等の非課税限度額」に相当する部分については相続税は課税されません（相法12①六)。

計算式
退職手当金等の非課税限度額　＝　500万円　×　法定相続人の数

②　弔慰金の支給

死亡退職手当金等とは別に弔慰金を支給した場合には、以下の金額については相続税は課税されません（相基通３-20)。

計算式
〔業務上の死亡の場合〕 　被相続人の死亡当時の賞与以外の普通給与×3年分 〔業務上の死亡でない場合〕 　被相続人の死亡当時の賞与以外の普通給与×6か月分

ただし、弔慰金名目で支給した場合でも、実質的に退職手当金等である場合には、退職手当金等とされ、みなし相続財産として課税されます。実質的に退職手当金等と認定されないためにも、退職手当金規程や弔慰金規程を整備し、その規程どおりの運用をすることが不可欠となります。

建て替えや大規模修繕の資金準備

（1）スキーム概要

スキームは、前述の「生前退職金の準備」と同様で、保険解約時の解約返戻金のうちの益金となる部分を相殺するための損金計上手段を、建物の建て替えであれば、建物取壊損や取壊費用とし、大規模修繕工事であれば、資本的支出とならない修繕費として損金計上できればこのスキームは成功です。

（2）建て替え資金や大規模修繕資金を計画的に準備することの重要性

建て替え資金や大規模修繕資金は、法人の自己資金で賄えなければ金融機関から融資を受けることとなります。個人オーナーが個人的に資金を蓄えていたらまだ良いのですが、「土地があれば金融機関はお金を貸してくれる」と思っている人が多く、しっかりと修繕資金を蓄えている人は少ないです。法人と個人のトータルの節税対策として、法人の所得がプラスマイナスゼロとなる程度の役員報酬をオーナーに支出することによる方法は、その法人の所得金額によっては有効な方法ですが、節税のことばかりに気を回して、資金を確保することをおろそかにしている個人オーナーが多いことも事実です。自分自身で資金準備と管理をすることに自信がない場合には、保険契約を利用して資金を準備するという方法も有効です。

■個人の生命保険契約を活用した節税対策は少ない

これまでにご紹介した法人の生命保険活用のスキームは、いずれも法人が支払う保険料の全部または一部を法人の損金に算入できるという点と、保険解約の際の解約返戻金収入を個人オーナーに退職手当金等の損金として支出することにより節税効果があるものです。

一方、個人事業の場合は、個人オーナーが自分自身に対して生前退職金を支払うことや、相続人に対して死亡退職金、弔慰金を支給することができないため、法人同様の生命保険による節税対策を行うことができません。個人事業で節税に寄与する生命保険に関する制度としては、所得控除である生命保険料控除があります。

不動産管理報酬の決め方　7

☑不動産管理報酬は管理業務の内容に応じた報酬額が基本

不動産管理会社に支払う管理報酬額をいくらにするかについては、過去の裁決事例や判例などが多くあります。それら事例による数字では家賃収入の５％～20％という具体的な数字も出ておりますが、あくまでも個別の特殊事情を勘案した上での数字であり、そのパーセンテージにも差があるため、一概に「家賃収入の何パーセントなら妥当である」と言い切ることはできません。

そして、個人と同族関係のある不動産管理会社に支払う不動産管理報酬が著しく高額である場合には、その著しく高額な部分について税務当局からその経費性を否認されることがあります。従いまして、同族関係のない近隣の不動産管理会社の管理報酬額の水準を知り、その報酬額を参考にすることが重要です。

不動産管理会社の管理業務は次のような項目がありますが、これら項目のうちどの業務を管理させるか、また物件規模や地域の特性によってもその報酬額は変わってきます。

入居者募集	賃貸契約代行	物件巡回サービス
清掃業務	受水槽管理	エレベーター点検
設備取り扱い説明、故障・修理手配及び対応	住民トラブル処理・苦情対応	退去時立会い
各種法定点検立会い	敷金・保証金管理	鍵管理・契約書等書類管理
改築・建替え立案及び施工	管理報告書作成・報告	家賃集金及び送金
家賃改正手続き	滞納家賃提訴手続き	滞納家賃保証

また、不動産管理会社の役員報酬または親族への給与をいくらにするかについても、その業務内容及び勤務実態に応じた報酬額であることが必要です。

相続において不動産はどう分割するのがよいか　1

☑次世代以降における相続時に想定されるトラブル等を考慮すると、不動産（特に土地）は相続人の１人が単独で相続することが望ましい

分割対象となる遺産が不動産のみである場合など、金融資産等の他の遺産を分割するなどの方法で解決できない場合があります。次世代以降における相続時に想定されるトラブル等を考慮しますと、相続人の１人が単独で相続することが望ましいと言えます。不動産の遺産分割で検討すべきポイントは以下のとおりです。

問題先送りのための共有は避ける

分割対象となる遺産が不動産のみである場合などにおいて、相続人の間で平等に遺産分割を行うために不動産を共有持分により分割するというケースがあります。あるいは、例えば1次相続時において相続人が配偶者と子供３人という場合で、とりあえず被相続人の配偶者に不動産を相続させておいて、その配偶者の２次相続までその不動産の分割方針を「先送り」するというケースもあります。

不動産を共有持分により分割した場合には、その次世代（子供世代）さらに孫世代に渡るにつれて持分が細分化されてしまい、不動産の管理や処分などの意思決定に悪影響を及ぼすことがあります。従いまして、その不動産の売却を予定している場合などの「あえて共有持分とする」場合を除いて、共有持分により分割することは極力避けるべきです。

小規模宅地等の特例を考慮する

小規模宅地等の特例の適用となる宅地について、どの宅地を適用対象とするかという選択はとても重要なポイントです。相続税額への影響は、小規模宅地等の特例の適用対象となる宅地等を取得した相続人だけではなく、相続税計算のしくみ上、相続税申告の対象者すべての人の相続税額に影響が及びますので、仮に相続人間において遺産分割協議の内容に多少の争いがある場合においても、相続税申告者全員の利益のために譲歩が必要な場合があります。

そして税理士は、遺産分割方法により相続税額に変動が生じることを知っているため、遺産分割協議に関するアドバイスを求められることが多いものですが、単に相続税額が少額になるという理由だけで分割方針のアドバイスをすることや、税理士への直接の依頼者など特定の相続人に肩入れするような遺産分割の指南をしないように心掛けるべきです。

配偶者の税額軽減を適用するか次世代（子供世代）に相続させるかを検討

いわゆる１次相続が発生した場合における配偶者の税額軽減の効果は大きいため、なるべく多くの財産を配偶者が取得するような遺産分割協議がなされる場合があります。ところが、２次相続においては、配偶者の税額軽減の適用はないことから相続税額が多額になるケースもあり、１次相続において配偶者に遺産を分割せず子供世代に相続させた方が、１次相続と２次相続での相続税額の合計額が少なくなるケースもあります。そのためにも特に配偶者が独自の財産を保有している場合においては、１次相続における遺産分割協議の中で配偶者独自の財産を加味した２次相続までも考慮した相続税額シミュレーションが必要となります。

【１次相続・２次相続合計相続税額のシミュレーション例】

No	１次相続（今回の相続）				２次相続	１次・２次相続税額の合計	
	相続財産の分割状況		配偶者の税額軽減額	納付税額の総額	納付税額の総額		
	配偶者の取得財産	配偶者以外の取得財産					
1	140,956,000	0	11,717,000	0	25,984,000	25,984,000	(A)
2	130,956,000	10,000,000	10,885,000	831,000	23,323,000	24,154,000	
3	120,956,000	20,000,000	10,054,000	1,662,000	21,323,000	22,985,000	
……	……	……	……	……	……	……	
14	10,956,000	130,000,000	910,000	10,806,000	2,661,000	13,467,000	
15	956,000	140,000,000	79,000	11,637,000	1,661,000	13,298,000	
16	0	140,956,000	0	11,715,000	1,566,000	13,281,000	(B)

(A)…１次相続で全て配偶者に相続させ、配偶者の税額軽減を使った場合の１次・２次相続税額の合計

(B)…１次相続で配偶者に相続させせない（配偶者の税額軽減を使わない）場合の１次・２次相続税額の合計

➡このケースでは、(B)の方が1,270万円有利となった

相続した不動産を売却する時期に注意　2

☑小規模宅地等の特例の適用を受ける場合は、相続税の「申告期限後」に売却
☑相続税の取得費加算の特例を受ける場合は、相続税の「申告期限の翌日以後３年以内」に売却

■小規模宅地等の特例の適用要件

小規模宅地等の特例の適用を受けるためには、①誰が取得（相続）するか、②相続開始時点でのその土地等の利用状況、③相続税の申告期限におけるその土地等の利用状況及び所有状況が問われます。いずれの宅地等についても共通する適用要件は、相続税の申告期限において「その宅地等を所有していること」ですので、売却を検討している場合において、小規模宅地等の特例の適用を受けるためには、相続税の申告期限の翌日以降に売却しなければなりません。

■相続税の取得費加算の特例

相続または遺贈により財産を取得し相続税の納税をした者が、その相続税の申告期限の翌日以後３年以内にその相続または遺贈により取得した土地等を譲渡した場合には、次の算式で計算した金額を取得費に加算して譲渡所得を計算します（措法39、措令25の16）。

計算式

$$\text{譲渡所得の取得費に加算する相続税相当額} = \text{その者の相続税額} \times \frac{\text{その者の相続税の課税価格に算入されたその譲渡した土地等の課税価格}}{\text{その者の相続税の課税価格} + \text{その者の債務控除額}}$$

空き家不動産を譲渡した場合に使える特例　3

☑相続または遺贈により、被相続人が居住していた家屋・敷地等を取得した相続人が、その不動産を譲渡した場合には、3,000 万円特別控除の適用を受けることができる

相続または遺贈により、被相続人が居住の用に供していた一定の家屋及び敷地等を取得した相続人が、その不動産について平成28年（2016年）４月１日から令和５年（2023年）12月31日までの間に、一定の譲渡をした場合には、居住用財産を譲渡した場合に該当するものとみなして3,000万円特別控除の適用を受けることができます（措法35、措令23)。

▌適用対象者

相続または遺贈により被相続人居住用家屋及び被相続人居住用家屋の敷地等の取得をした者です。

▌適用対象となる不動産

（１）被相続人居住用家屋

相続開始直前において被相続人の居住の用に供されていた次の①〜③までの要件を満たす家屋で、被相続人が主として居住の用に供していたと認められる一の建築物に限ります。

①　昭和56年５月31日以前に建築されたこと

②　建物の区分所有等に関する法律１条の規定に該当する建物でないこと（マンション等区分所有建物でないこと）

③　相続開始の直前において被相続人以外に居住をしていた者がいなかったこと(被相続人が一人暮らしであったこと)

(2) 被相続人居住用家屋の敷地等

相続開始の直前において被相続人居住用家屋の敷地の用に供されていた土地またはその土地の上に存する権利です。

また、相続開始の直前においてその土地が用途上不可分の関係にある二以上の建築物のある一団の土地であった場合には、その土地のうち、次の算式で計算した面積にかかる土地の部分に限るものとされます。

計算式

$$\text{その土地の面積} \times \frac{A}{A+B}$$

A：相続開始の直前におけるその土地にあった被相続人居住用家屋の床面積
B：相続開始の直前におけるその土地にあった被相続人居住用家屋以外の建物の床面積

譲渡要件

(1) 譲渡期間要件

譲渡の時期については、次の①及び②を満たす必要があります。

① 平成28年（2016年）4月1日～令和5年（2023年）12月31日までの間の譲渡であること

② 相続開始があった日から同日以後3年を経過する日の属する年の12月31日までの間の譲渡であること

(2) 譲渡価額要件

その譲渡対価は1億円以下でなくてはなりません。なお、その譲渡が一定期間内に複数回に分けて行われた場合については、その一定期間内の一定の譲渡対価の合計額が1億円を超える場合には適用されません。

(3) 譲渡資産要件

譲渡する資産は、次の①～③のいずれかの被相続人居住用家屋またはその敷地等である必要があります。

① 被相続人居住用家屋

次のイ及びロを満たす被相続人居住用家屋です。

イ.その相続開始の時からその譲渡の時まで事業の用、貸付の用（無償の貸付も含みます。以下②③において同じ）または居住の用に供されていたことがないこと

ロ.その譲渡の時において地震に対する安全性にかかる規定である建築基準法施行令第３章及び第５章の４の規定または国土交通大臣が財務大臣と協議して定める地震に対する安全性にかかる基準に適合するものであること

② 被相続人居住用家屋の敷地等

上記（3）①の家屋とともに譲渡される敷地等で、その相続の時からその譲渡の時まで事業の用、貸付の用または居住の用に供されていたことがないこと

③ 被相続人居住用家屋の全部の取壊し等をした後のその敷地等

被相続人居住用家屋の全部の取壊しもしくは除却をした後またはその全部が滅失をした後におけるその被相続人居住用家屋の敷地等の譲渡については次のイ及びロを満たす必要があります。

イ.被相続人居住用家屋の要件

その相続開始の時からその取壊し、除却または滅失の時まで事業の用、貸付の用または居住の用に供されたことがないこと

ロ.被相続人居住用家屋の敷地等

次の２点を満たす必要があります。

・その相続開始の時からその譲渡の時まで事業の用、貸付の用または居住の用に供されたことがないこと

・その被相続人居住用家屋の取壊し、除却または滅失の時からその譲渡の時まで建物または構築物の敷地の用に供されたことがないこと

他の特例との関係及び留意点

（１）譲渡先の制限（措令 20 の３）

その譲渡の相手先が、その譲渡者の配偶者その他特別の関係がある者である場合の譲渡については、この特例の適用を受けることはできません。

（２）居住用財産を譲渡した場合の長期譲渡所得の軽減税率の特例の適用は不可（措法 31 の３）

居住用財産を譲渡した場合の長期譲渡所得の軽減税率の特例については、その譲渡した者の居住用財産ではないので適用を受けることはできません。

（３）小規模宅地等の特例との併用は可能

小規模宅地等の減額の特例のうち、いわゆる「家なき子」（配偶者及び同居親族がおらず、相続開始前３年以内に持ち家に居住したことがない親族が取得し、申告期限まで所有等）が取得した場合で、その「家なき子」が相続税の申告期限後の一定期間内に一定の譲渡をする場合には、空き家譲渡所得の3,000万円特別控除の適用を受けることができます。

（4）相続税額の取得費加算の特例との関係（措法35③、39、措通39-6）

この空き家譲渡所得の3,000万円特別控除の特例と相続税額の取得費加算の特例は併用できません。

ここで、被相続人の居住の用に供されていた家屋が複数の建築物（母屋、離れ、倉庫等）から構成される一団の土地であった場合には、被相続人が主として居住の用に供していた母屋及び母屋の敷地が空き家の3,000万円特別控除の対象となりますので、母屋部分の譲渡については相続税額の取得費加算については適用できません。

しかし、空き家3,000万円特別控除の適用対象とならなかった母屋以外（離れ、倉庫等）部分については、相続税額の取得費加算の適用対象となります。

金銭を利用する換価分割と代償分割　4

☑遺産分割の方法には、①現物分割、②代償分割、③換価分割、④共有、の４つの方法がある

現物分割

現物分割とは、相続財産のひとつひとつを相続人が取得する方法で、遺産分割の最も一般的な方法です。

代償分割

（1）概要

代償分割とは、現物分割が困難な資産などを特定の相続人が取得し、遺産分割のバランスや公平さを保つなどのために、現物を取得した相続人から他の相続人に対して、金銭などを支払う方法です。土地や自社株などのように、複数の相続人に細分化されてしまうことを避けるためにこの方法が行われることがあります。

（2）換価分割との相違点

換価分割との相違は、相続財産の現物が特定の相続人に引き継がれるという点です。

なお、現物を取得（相続）した代わりに代償金等を他の相続人に支払う相続人と代償金等を受け取る相続人の相続税の課税価格計算方法は以下のとおりとなります。

	相続税の課税価格の計算
分割困難な資産を相続し、代償債務を交付する相続人	相続により取得した現物財産の価額から交付した代償財産の価額を控除した金額
代償財産を受け取る相続人	相続により取得した現物財産の価額と交付を受けた代償財産の価額との合計額

（相基通11の2-9、相基通11の2-10）

相続税の課税価格計算における「代償財産の価額」は、次の算式により計算した金額、または、一定の場合には、次の算式に準じた計算方法等により計算した金額となります。

計算式

$$\text{代償債務の額} \times \frac{\text{代償分割の対象となった財産の相続開始時における相続税評価額}}{\text{代償債務の額の決定の基となった代償分割の対象となった財産の代償分割時の時価評価額}}$$

（相続税の課税価格の計算例）
相続財産が土地（時価１億円、相続税評価額8,000万円）のみで、相続人が２人の場合において、一方の相続人が時価１億円の土地を相続する代わりに、現金5,000万円の代償金を交付する場合

$$\text{代償債務の額5,000万円} \times \frac{\text{土地の相続税評価額8,000万円}}{\text{土地の時価１億円}} = \text{4,000万円}$$

・代償金を交付する相続人の相続税の課税価格：
　8,000万円－代償債務4,000万円＝4,000万円
・代償金を受け取る相続人の相続時の課税価格：
　4,000万円

（3）代償債務が金銭以外の不動産等である場合（所基通33-1の5、所基通 38-7）

代償分割にあたり、現物分割が困難な資産を相続した特定の相続人が、他の相続人に対して金銭を支払うのではなく、以前

から保有していた自己の不動産等を移転させた場合には、代償債務を交付する相続人及び代償財産を取得する相続人の所得税の取り扱いは以下のとおりとなります。

保有していた不動産を代償債務として交付した相続人	交付した不動産の交付時の時価で譲渡したこととして譲渡所得課税がなされる
不動産を代償財産として不動産を取得した相続人	代償取得した不動産の取得時の時価が取得費となる

換価分割

(1) 概要

換価分割とは、相続財産を相続人が共同で売却する等により換金し、その金銭を相続人間で分配する方法です。相続財産をすべて現金化して相続人間で平等に分割をしたい場合、既に売却することが決まっている不動産がある場合、相続税の納税資金を確保したい場合などに行われる方法です。

(2) 代償分割との相違点

換価分割は、換金するため現物が相続人の手元に残らないという点があります。

また、換金するために譲渡を行う場合には、共同相続人がそれぞれ譲渡所得申告等を行うことになります。これにより所得が発生する場合には、各相続人の所得税、住民税等の税負担が生じます。

(3) 譲渡所得の計算

① 取得費の引き継ぎ

換価分割の際に譲渡する資産の取得費は、被相続人の取得費を引き継ぎます。

②　譲渡所得計算の特例の適用

譲渡所得の計算における、空き家を譲渡した場合の3,000万円特別控除（措法35）や相続税額の取得費加算の特例（措法39）については、それぞれの適用要件を満たすことにより、適用を受けることができます。

▌共有

共有とは、現物分割による遺産分割協議が整わない場合など、ひとつの相続財産を複数の相続人が共同で取得する方法です。例えば相続人が子供２人であり、相続財産が土地のみである場合において、その土地を共有持分2分の１ずつとして取得する場合などが該当します。

親族間では地代は収受しなくてもいい？ 5

☑無償で貸し借りした場合は使用貸借となり、金銭の収受がある賃貸借と比較して土地の相続税評価額が高くなる

無償でモノの貸し借りすることを使用貸借といいます。例えば親の土地を子供が無償で借り受け、その土地の上に子供が賃貸アパートを建てるというケースは多いものです。使用貸借に相対するのは賃貸借で、他人間で行われる土地の貸借において金銭の収受がある場合をいいます。

使用貸借と賃貸借では、その土地の相続税評価額が異なります。

▌使用貸借または賃貸借による相続税評価の違い

（1）使用貸借による土地の相続税評価

使用貸借により貸し付けられている土地の相続税評価については、たとえ使用借人がその土地の上に賃貸アパートなどを建てていたとしても、自用地評価となります（昭和61年12月2日裁決）。

（2）賃貸借による土地の相続税評価

賃貸借により貸し付けている土地の上に、借地人が賃貸アパートを建てている場合には、その土地の評価は貸宅地の評価となり、次の算式により計算します。

計算式

貸宅地　＝　自用地評価額　×（　1　－　借地権割合　）

借地権の認定課税の有無

地代の収受の有無となると借地権の認定課税リスクのことが頭をかすめますが、個人間において建物等の所有を目的として使用貸借による土地の借受けがあった場合においては、借地権の設定に際し、その設定の対価として通常権利金その他の一時金を支払う取引上の慣行がある地域においても、その土地の使用貸借にかかる使用権の価額は、零として取り扱うこととされています（昭48直資2-189）。

二世帯住宅の建築時には登記に注意 6

☑二世帯住宅では、ハウスメーカー等から勧められるままに区分所有登記をすると、小規模宅地等の特例が適用できない

二世帯住宅を建築する際に区分所有登記をするメリットをハウスメーカー等から説明され、よくわからないままに区分所有登記をするケースが多くあります。しかし、平成25年度改正（平成26年1月1日施行。以下平成25年度改正）により、二世帯住宅の敷地の用に供されている土地等にかかる小規模宅地等の特例の適用について、二世帯住宅が区分所有登記されている場合に適用を受けることができる宅地等の範囲についての見直し措置が講じられたことにより、区分所有登記を解消するケースが増えています。

区分所有登記をするメリット及び理由

建築者は、次の区分所有登記をするメリットあるいは区分所有登記をしなければならない事情により区分所有登記を行います。

① 住宅ローンの手続きにおける金融機関側からの要請

② 不動産取得税、固定資産税、登録免許税等の租税公課について、区分所有登記をすることにより、1棟の建物で2人分の控除や減免等の措置を受けることができる

③ 住宅借入金等特別控除（住宅ローン控除）の適用を2人分適用するため

■小規模宅地等の特例の適用を検討する上での二世帯住宅の分類

小規模宅地等の特例の適用を検討する上での二世帯住宅の分類は次の４タイプに分類でき、区分所有登記の有無に応じて税務上の取り扱いが異なる場合があります（措令40の２、措法69の４、措通69の４-７、措通69の４-７の４）。

例えば被相続人である父所有の土地の上に、２階建ての完全分離型二世帯住宅があり、１階を被相続人が居住、２階を子供が居住という場合に、平成25年度改正前までは区分所有登記の有無に関係なく、建物の居住の実態に応じて、１階部分に相当する土地等は父の居住用宅地等として、また、２階部分に相当する土地等は、子供の居住用宅地等として、小規模宅地等の特例の適用を判定していましたが、平成25年度改正後は、１階と２階が区分所有登記をされているかどうかという判定要素が加わりました。

これにより既に区分所有登記をしていた場合に、区分所有登記を解消し、敷地全体を小規模宅地等の特例の対象としようとする動きも増えているようです。

従いまして、二世帯住宅建築時には、前述の区分所有登記をすることのメリットだけでなく、小規模宅地等の特例の適用対象となり得るかどうかについても検討するべきです。

二世帯住宅の態様	区分所有登記の有無	小規模宅地等の特例の適用可能性
二世帯住宅間が内部通路や内部階段など（以下、内部通路等）により自由に往来できる （1戸建て同居型）	区分所有登記なし （構造上区分されていないため、そもそも区分所有登記ができない）	敷地全体を被相続人の特定居住用宅地等
二世帯住宅間は内部通路等がないため、お互いの玄関から往来する （完全二世帯分離型）	区分所有登記なし （構造上区分されているので、区分所有登記をしようと思えばできるが、区分所有登記をしていない）	敷地全体を被相続人の特定居住用宅地等
二世帯住宅間は内部通路等がないため、お互いの玄関から往来する （完全二世帯分離型）	区分所有登記あり	被相続人の区分所有登記に相当する敷地等について被相続人の特定居住用宅地等
二世帯住宅間が内部通路等により自由に往来できる （1戸建て同居型）	区分所有登記あり （本来（あるいは現在）は区分所有登記ができない物件だが、区分所有登記されてしまっている）	次のいずれかとなります。 ①被相続人の区分所有登記に相当する敷地等について被相続人の特定居住用宅地等 ②敷地全体を被相続人の特定居住用宅地等 ※単に「区分所有登記がされている」というだけで小規模宅地等の特例の適用有無を判断すべきでないと筆者は考えますが、相続開始までに区分所有登記を解消することが、争点の回避につながります

賃貸用不動産の建築がなぜ相続税対策になるか　7

☑更地の上に賃貸アパートなどを建てることにより、更地であった土地については、貸家建付地評価となり、建物については貸家評価となる

☑決して、相続税の節税対策のために賃貸アパートを建てることを勧めている訳ではない

■賃貸物件を買うことによる土地建物の評価減

もともと所有している相続税評価額１億円の更地の上に、預金資産の１億円で賃貸物件を建てるというケースを検討します。

（1）賃貸物件を建てる前の相続税評価額

相続税の課税価格は、更地１億円＋預金１億円＝２億円です。仮に相続財産がこの２億円のみで、相続人が子供２人（配偶者はなし）の場合で相続税額は子供２人合計で3,340万円となります。

（2）１億円の賃貸物件を建てた後の相続税評価額

①　更地は貸家建付地評価に変身

１億円の更地に賃貸物件を建てた場合には、貸家建付地評価となり、更地であった時よりも土地の相続税評価額は下がることになります。借地権割合が70%で借家権割合が30%である地域においては、この賃貸建付地の相続税評価額は7,900万円となり、更地評価額よりも2,100万円減額されます。

【貸家建付地の計算】

自用地評価額１億円×（１－借地権割合70%×借家権割合30%）＝7,900万円

②　預金1億円は貸家評価に変身

預金1億円で賃貸物件を建築しますと、その建物の評価は貸家評価となりますので、仮にその建物の固定資産税評価額が建築に要した金額そのままの1億円であったとしても、貸家の相続税評価額は7,000万円となります（借家権割合30%の地域である場合）。

【貸家の計算】

建物の固定資産税評価額×（1－借家権割合30%）＝7,000万円

従いまして①と②を合計して相続税評価額は1億4,900万円となり、相続人が子供2人（配偶者なし）の場合で相続税額は子供2人合計で1,810万円となり、賃貸物件を建てない場合の相続税額3,340万円と比較しますと1,530万円相続税が軽減されたことになります。

小規模宅地等の特例の適用の可能性

賃貸物件を建てた場合には、適用要件を満たすことによりその土地について小規模宅地等の特例の適用を受けることもできます。

仮に土地全体に貸付事業用宅地等（50％減額）の小規模宅地等の特例の適用がある場合には、土地の相続税評価額は3,950万円となり、貸家の評価額7,000万円と合わせると、相続税額は子供2人合計で950万円となります。

不動産を生前贈与するなら　8

☑不動産の生前贈与を検討する場合には、①相続税と贈与税の試算を行い、②建物のみを贈与した場合の土地の相続税評価額の違いを認識して、③負担付贈与とならないよう留意する

不動産の生前贈与を検討する場合には、次の内容を検討する必要があります。

①　相続税と贈与税の試算を行う

・贈与税は相続税よりも税負担が重い

・相続開始前３年以内の贈与は相続税の対象となる

・小規模宅地等の特例など特例適用可否の判断をする

②　建物のみを贈与した場合の土地の相続税評価額の違いを認識する

③　負担付贈与とならないよう留意する

相続税と贈与税の試算を行う

多くの場合は相続税の対象から除外するために生前贈与を検討するわけですが、生前贈与を行う際には、贈与をしない場合の相続税との比較を行わなくてはなりません。

（1）贈与税は相続税よりも税負担が重い

例えば相続税評価額１億円の不動産について直系尊属から暦年贈与を行う場合には、55％の贈与税率となり、約4,800万円の贈与税が課税されます。これに対し、この１億円の不動産が遺産のすべてであるとして相続により取得する場合の相続税は、相続人が子供１人の場合で1,220万円（小規模宅地等の特例は考慮しない）となります。もちろん相続税の計算は、遺産総額

がいくらであるか、また法定相続人の数等によって相続税額が変わりますが、基本的には相続税よりも贈与税の方が税負担は重くなります。

(2) 相続開始前3年以内の贈与は相続税の対象となる

相続又は遺贈により財産を取得した者が、その相続の開始前3年以内にその相続に係る被相続人から贈与により財産を取得したことがある場合においては、その者については、その贈与により取得した財産の価額が相続税の課税価格に加算されます(相法19)。従いまして、そもそも相続発生時期を予測することは困難なことではありますが、生前贈与を実行する際には余裕をもったスケジュールを検討しておくことが重要です。

(3) 小規模宅地等の特例の適用可否の判断をする

小規模宅地等の特例（措法69の4）の規定は、相続または遺贈により財産を取得した宅地等に適用されるため、生前贈与により取得した財産については、たとえ上記（2）の生前贈与加算により相続税の課税価格に算入される財産であっても、小規模宅地等の特例の適用はできません。

▌建物のみを贈与する場合は土地の相続税評価額が増加する場合がある

例えば貸アパートのような収益不動産（土地と建物）を所有している場合において、賃貸収益を生む建物のみを子供に贈与するケースがあります。この贈与をした後の建物の敷地である土地の相続税評価額は、自用地評価額となることが多い（建物の受贈者は贈与者に対して地代や権利金の支払いを行わず使用貸借とするケースが多い）ため、建物の贈与を行わなかった場合の貸家建付地評価（自用地評価額の約8割相当額）よりも相続税評価額は高くなります。

負担付贈与とならないよう留意する

（1）負担付贈与の場合は時価評価

贈与する不動産にローンがある場合において、不動産を贈与に合わせて、ローンの残債も引き継がせる場合には負担付贈与となります。

負担付贈与により不動産を取得した場合には、その不動産の価額は相続税評価額ではなく時価評価となります（相基通21の2－4、平元直評5・直資2－204「負担付贈与又は対価を伴う取引により取得した土地等及び家屋等に係る評価並びに相続税法第7条及び第9条の規定の運用について」）。従いまして、仮に不動産の時価が5,000万円、相続税評価額が4,000万円、ローン残債3,000万円であった場合の贈与税の課税価格に算入すべき金額は、不動産の時価5,000万円からローン残債3,000万円を差し引いた2,000万円となります。

（2）収益物件における預り敷金・保証金の授受にも注意

貸アパートなどの収益不動産物件の場合、入居者との賃貸契約時に入居者から預かっている敷金や保証金は、物件オーナーにとっては入居者に対する債務となります。従いまして、貸アパートなどを贈与する際には、これら預り敷金や保証金相当額についても贈与者から受贈者への現金等を渡す必要があります。この敷金等相当額の贈与がない場合には、受贈者は、敷金等相当額を債務とする負担付贈与を受けたことになり、不動産の評価は時価評価となります。

不動産を相続時精算課税で贈与したい　9

☑相続時精算課税の適用を受ける場合には、暦年贈与との併用はできない、不利になる場合もあるなど、様々な点に注意する必要がある

相続時精算課税の適用を受ける場合には、以下の点に留意が必要です。

・相続時精算課税の適用を受けた受贈財産は相続税の課税対象となる

・同じ贈与者からの贈与については暦年贈与との併用はできない（相続時精算課税を選択したら撤回はできない）

・小規模宅地等の特例を適用できない

・贈与時と比較して相続時に相続税評価額が上昇する資産については有利だが、下降する資産については不利となる

相続時精算課税制度の概要

（1）適用対象者（相法21の9①）

①　贈与者

贈与の年の1月1日における年齢が60歳以上の者が対象となります。

②　受贈者

贈与の年の1月1日における年齢が20歳以上（令和4年(2022年）以降は18歳以上）である贈与者の推定相続人または贈与者の孫が対象となります。

（2）必要な手続き及び贈与税の計算

相続時精算課税の適用を受けようとする受贈者は、贈与税の

申告期限までに「相続時精算課税選択届出書」その他一定の書類を贈与税申告書に添付することにより、複数年にわたり2,500万円までの特別控除を受けることができ、贈与額が累計2,500万円を超える場合には、その超えた金額に対して20%の贈与税が課税されます（相法21の９②、21の12、21の13）。

■ 相続時精算課税制度の留意点

（１）相続時精算課税の適用を受けた受贈財産は相続税の課税対象となる

「2,500万円までの贈与は非課税」と勘違いしている人がとても多いようです。相続時精算課税制度は、相続発生前において2,500万円までの贈与には贈与税がかかりませんが、相続時精算課税制度選択後の贈与について贈与時の価額で相続税の課税価格に算入するというものです。ですので、相続が発生するまでの贈与税の繰り延べ措置であると考えるべきです。

（２）同じ贈与者からの贈与については暦年贈与との併用はできない

相続時精算課税制度の選択は、贈与者の異なるごとに選択することができます。例えば、父母からそれぞれ贈与を受ける際に、父からの贈与は相続時精算課税を選択し、母からの贈与は暦年課税制度を選択することが可能となります。ただし、一度相続時精算課税を選択した贈与者（この場合は父）からの贈与については、その選択年以降の贈与は相続時精算課税により計算しなければならず、暦年贈与による贈与税計算を行うことはできません（相法21の９③）。

（3）小規模宅地等の特例を適用できない

相続時精算課税制度による生前贈与財産は、相続税の課税価格に算入されるため相続税の申告手続きと同様の計算を行うものと思っている人が多いようですが、小規模宅地等の特例の適用に関する規定は、「相続又は遺贈（死因贈与を含む）」という要件となっているため、生前贈与である相続時精算課税の適用を受ける贈与財産について適用を受けることはできません（措法69の４①）。

（4）贈与時と比較して相続時に相続税評価額が上昇する資産については有利だが、下落する資産については不利となる

相続時精算課税制度により贈与を受けた財産が相続税の課税価格に算入される価額は、贈与時の価格であることから、贈与時から相続開始時の間に確実に相続税評価額が上昇する財産については、相続時精算課税制度を利用することが有利です。例えば不動産価額が将来に渡って確実に上昇すると見込まれる場合や年々利益を計上し続けると見込まれる未上場会社の株式などがそれにあたります。

暦年贈与と相続時精算課税贈与の違い 10

☑相続時精算課税による贈与は、適用を受けた贈与財産はすべて相続税の課税対象として計算される
☑暦年贈与では、相続開始前３年以内に贈与を受けた財産以外は、相続税の課税対象とはされない

各項目別の相続時精算課税による贈与と暦年贈与の違いは以下の表のとおりです。

一番の違いは、相続時精算課税の適用を受けた贈与財産はすべて相続税の課税対象として計算し直されるということであり、対して暦年贈与は、相続開始前３年以内に贈与を受けた財産以外は、相続税の課税対象とはされないことです。

	相続時精算課税	暦年贈与
贈与者	贈与年の1月1日で60歳以上（住宅取得資金の場合は年齢制限なし）	年齢制限その他要件なし
受贈者	贈与年の1月1日で20歳以上（令和４年からは18歳） 贈与者の推定相続人または孫	年齢制限その他要件なし
贈与者ごとの制度の選択	贈与者ごとに相続時精算課税か暦年贈与かを選択できる	相続時精算課税の選択をしていない贈与者からの贈与額を合計する
非課税限度額	選択をした贈与者からの一生涯において2,500万円の特別控除額	１年あたり110万円の基礎控除額
贈与税率	20%	10%～55%（超過累進税率）
贈与税申告	相続時精算課税選択後贈与があったすべての年	基礎控除額を超えた年のみ
相続税の課税価格への算入財産	相続時精算課税贈与の対象となったすべての贈与財産	相続開始前3年以内の贈与財産のみ
小規模宅地等の特例の適用	適用なし	適用なし
贈与税の精算	すべての贈与税額が精算されるため相続時に還付も可能	相続開始前3年以内の贈与税額のみが精算されるが、還付を受けることはできない
配偶者に対する贈与の特例	なし	贈与税の配偶者控除
贈与財産の物納	できない	相続開始前3年以内の財産は可能
相続時精算課税と暦年贈与の選択	一度相続時精算課税を選択した贈与者についてはその後暦年贈与には戻れない	暦年贈与から相続時精算課税贈与への選択は可能（その後は暦年贈与には戻れない）
相続税申告期限後3年以内の譲渡の場合の取得費加算の適用	相続時精算課税による贈与財産のすべてについて適用可能	相続開始前3年以内の贈与財産のみ適用可能

贈与税の配偶者控除を行う際の注意点　11

☑贈与税が非課税でも、不動産取得税や登録免許税はかかる
☑そもそも相続税が発生せず贈与税の配偶者控除を行う必要がないケースも
☑土地のみの贈与とするか土地と建物を贈与するかについて検討する必要がある

■ 贈与税の配偶者控除

（1）概要

その年において贈与によりその者との婚姻期間が20年以上である配偶者から専ら居住の用に供する不動産または居住用不動産を取得するための金銭を贈与により取得した場合において、その取得の日の属する年の翌年３月15日までにその居住用不動産をその者の居住の用に供し、かつその後引き続き居住の用に供する見込みである場合には、その年分の贈与税の課税価格から2,000万円を控除することができます（相法21の６①）。

（2）相続開始前３年以内の贈与財産の持ち戻しとの関係

①　相続開始年の前年以前の場合

相続開始前３年以内に贈与を受けた財産は、相続税の課税価格に加算されますが、贈与税の配偶者控除の適用を受けた部分の金額については、相続税の課税価格に加算されません（相法19①）。

②　相続開始年分の場合

相続開始年にその相続にかかる被相続人から贈与により取得した財産について贈与税の配偶者控除の適用を受けることができる場合については、次の２つの選択肢があります。

〔相続税の課税価格に算入し、贈与税の配偶者控除の適用は受けない〕

相続開始年分の贈与は相続税の課税価格に算入されるため、贈与税の申告は行いません（相法19、21の2④)。従いまして、贈与税の配偶者控除の適用は受けず、相続税の申告において配偶者の税額軽減や小規模宅地等の特例（特定居住用宅地等）の適用を検討することになります。

もっとも、相続税の課税価格に算入した場合でも相続税の基礎控除額以下である場合には、迷うことなくこちらを選択すれば良いことになります。

〔相続税の課税価格に算入せず、贈与税の配偶者控除の適用を受ける〕

相続税の申告書に贈与税の申告対象とする旨等の記載（第14表）及び戸籍の附票と登記事項証明書等の一定の書類を添付することにより、相続税の課税価格に算入しないことを選択します（相規１の５)。

この場合には、その年の翌年３月15日までに贈与税の配偶者控除の適用を受けるべく、贈与税申告書を提出します。

贈与税以外の租税公課やコストとの比較

居住用不動産の贈与の際には、不動産の登記手続き等にコストがかかることも考慮しなくてはなりません。登記手続きを依頼する司法書士報酬のほか、登録免許税や不動産取得税等租税公課も発生します。

これら租税公課は、その不動産の移転理由が贈与であるか相続であるかによってもその税額に違いがあります。

▍居住用不動産の譲渡を検討している場合には、土地と家屋を贈与した方が良い

贈与税の配偶者控除の適用を受ける居住用不動産を譲渡することを検討している場合には、その譲渡の際には居住用不動産の譲渡した場合の3,000万円特別控除の特例（以下、「3,000万円特別控除」といいます。措法35）を受けることができます。この特例は、居住用家屋とその家屋の敷地の用に供されている土地等をともに譲渡した場合に適用されるため、一定の場合を除き、土地のみの譲渡については適用されません。

従いまして、譲渡所得が3,000万円を超える見込みがある居住用不動産については、夫婦それぞれが居住用家屋とその敷地の持分を有していれば、それぞれが3,000万円特別控除の適用を受けることができます。つまり、贈与税の配偶者控除前において、居住用家屋とその敷地の持分が夫100%である場合には、敷地の贈与だけでなく居住用家屋の持分も贈与した方が良いことになります。

配偶者居住権の創設　12

☑平成 30 年の民法改正で配偶者の居住の権利が創設された
☑配偶者の居住の権利には、①配偶者居住権と②配偶者短期居住権がある

相続開始時に被相続人の建物に居住していた配偶者が、その居住していた建物から直ちに退去させられることがないように(配偶者短期居住権)、また、その配偶者が死亡するまでその居住していた建物に無償で居住する権利（配偶者居住権）を確保するために創設されました。

これにより、配偶者のその後の生活資金の確保が可能になり(例１)、資産の後継対策（例２）などにも有効です。

■配偶者の生活資金の確保の例（例１）

父死亡、母（配偶者）と子１人が相続人である場合で、相続財産が居住用土地建物2,000万円、現金2,000万円のみの場合です。

（1）配偶者居住権がない場合

配偶者と子の法定相続分は２分の１ずつとなるため、法定相続分どおりに遺産分割をすると、母と子は、それぞれ2,000万円相当額の遺産を取得することになります。この場合に、母のその後の住居の確保を考慮して、母が居住用土地建物を取得すると、現金は子が相続することとなり、母のその後の生活資金に不安が生じます。

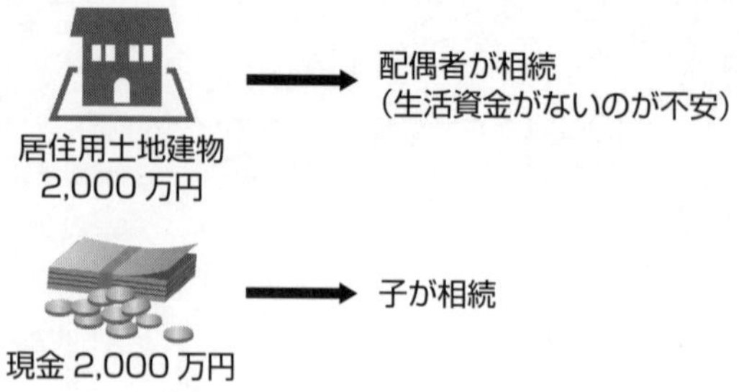

（2）配偶者居住権を設定する場合

例えば配偶者居住権が1,000万円と評価され、その居住用土地建物の所有権（所有権価額から配偶者居住権価額を差し引いた金額）が1,000万円であった場合に、上記（1）同様に法定相続分どおりに遺産分割をすると、母は配偶者居住権1,000万円と現金1,000万円を相続し、子は配偶者居住権付の居住用土地建物の所有権と現金1,000万円を相続します。

母は、自分が死亡するまで住み慣れた住居に住み続けることができ、かつ、生活資金1,000万円を確保することもできます。

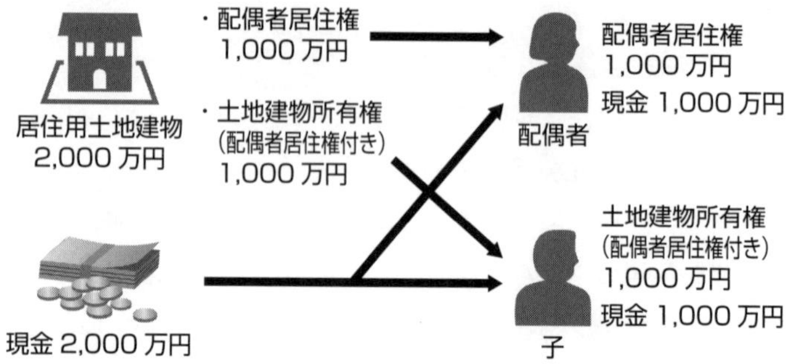

資産の後継者対策の例（例2）

被相続人である父Aには前妻との子Bがおり、後妻には前夫との子Zがいる場合で、後妻の死亡後は、被相続人Aの財産を子Bに後継したい（子Zには相続させたくない）、とはいえ、後妻が死亡するまでは今の住居に住まわせてあげたい、という場合に配偶者居住権を後妻に、居住用土地建物の所有権は子Bに遺贈するとの遺言書を作成することにより希望を叶えることができます。

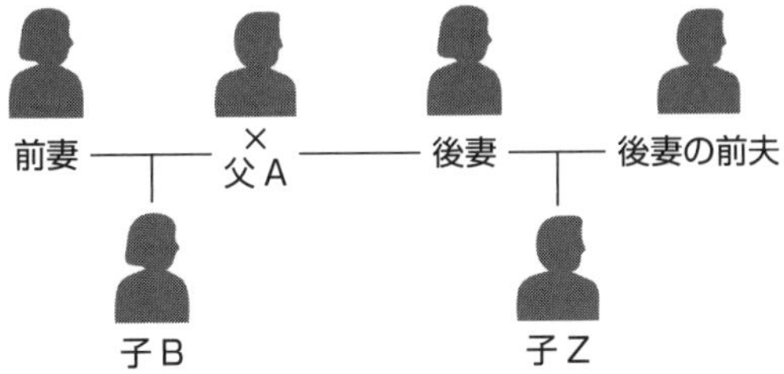

・配偶者居住権は後妻が相続
・居住用土地建物（配偶者居住権付き）は、子Bが相続、後妻の死亡により配偶者居住権は消滅するので、居住用土地建物は子Bの単独所有権となる

配偶者短期居住権の概要　13

☑相続開始から６か月を経過する日、または、遺産分割により帰属が確定した日のいずれか遅い日まで無償で居住することができる（民法 1037 ～ 1041）

被相続人の配偶者（以下、「配偶者」という）が、被相続人の建物に相続開始時に無償で居住していた場合には、相続開始の日から６か月を経過する日、または、遺産分割によりその建物（以下「居住建物」という）の帰属が確定した日のいずれか遅い日まで、配偶者はその居住建物に無償で居住することができる権利があります。

▌配偶者短期居住権の消滅

次の場合等には配偶者短期所有権が消滅します。

①　相続開始の日から６か月を経過する日、または、遺産分割によりその居住建物の帰属が確定した日のいずれか遅い日

②　配偶者が死亡した場合

③　居住建物所有者から消滅の申し出があった場合（申し出があった日から６か月を経過する日に消滅）

④　配偶者が居住建物の用法等に違反したこと等により居住建物所有者から消滅の意思表示があった場合

⑤　配偶者居住権を取得した場合

▌配偶者短期居住権の相続税評価

配偶者短期居住権は、相続税の課税対象とはなりませんので

相続税評価額はゼロとなります。

その他

・配偶者短期居住権を譲渡することはできません。

・配偶者短期居住権を登記する制度はありません。

・配偶者は、居住建物の通常の必要費である修繕費や固定資産税等の費用を負担します。

配偶者居住権の概要 14

☑配偶者が死亡する時まで無償で居住する権利
☑相続税の節税になるケースもある

被相続人の配偶者（以下「配偶者」という）が、被相続人の建物に相続開始時に居住していた場合で、次のいずれかに該当するときは、その居住していた建物（以下、「居住建物」という）の全部について無償で使用及び収益をする権利（以下、「配偶者居住権」という）を取得します（民法1028～1036）。

ただし、被相続人が相続開始時にその居住建物を配偶者以外の者と共有していた場合には、配偶者居住権を取得することはできません。

① 配偶者居住権を取得することについて遺産分割協議が成立した場合
② 配偶者居住権が遺贈の目的されたとき
③ 配偶者居住権の死因贈与契約があったとき
④ 家庭裁判所の審判で配偶者居住権を取得させることが認められたとき

存続期間及び消滅する場合

(1) 存続期間

配偶者居住権の存続期間は、配偶者が死亡する日までですが、遺産分割協議や遺言書に別段の定めがあるときや家庭裁判所が遺産分割の審判において別段の定めをしたときは、その定めるところによります。

(2) 消滅する場合

次の場合等には配偶者居住権は消滅します。

① 配偶者が死亡したとき

② 遺産分割協議、遺言書、家庭裁判所による遺産分割の審判において、消滅事由に関する別段の定めがあるときなどにおけるその期間満了のとき

③ 居住建物が配偶者の所有となったとき

④ 配偶者が居住建物の用法等に違反したこと等につき、居住建物所有者から是正があったにもかかわらず是正がされない場合に居住建物所有者から消滅の意思表示があった場合

⑤ 居住建物の全部が滅失等したとき

配偶者の義務等

・配偶者は居住建物の使用及び収益について善管注意義務があります。

・配偶者居住権を譲渡することはできません。

・配偶者は、居住建物の所有者の承諾がなければ、居住建物の増改築や第三者に使用及び収益させることができません。

・配偶者は、居住建物の通常の必要費である修繕費や固定資産税等の費用を負担します。

配偶者居住権の登記

配偶者居住権が設定された居住建物の所有者は、配偶者に対し配偶者居住権の設定の登記をさせる義務があります。

配偶者居住権が設定された場合の相続税評価　15

- ☑建物の評価は、配偶者居住権の評価（配偶者）、所有権の評価（居住建物所有者）
- ☑土地の評価は、敷地利用権の評価（配偶者）、所有権の評価（居住建物の敷地の所有者）
- ☑小規模宅地等の評価減も可能

配偶者居住権の設定による相続税の評価は、居住建物に対する評価と居住建物の敷地の評価を行います。この評価にあたっては、相続税法23条の2による評価方法によることしかできず、不動産鑑定評価など他の評価方法によることはできません。

居住建物の評価については、配偶者が取得する配偶者居住権の評価と建物所有者が取得する（配偶者居住権付きの）建物所有権の評価を行います。

敷地の評価についても、配偶者の敷地利用権の評価と土地所有者が取得する居住建物の敷地の評価を行います。

なお、以下の算式における「時価」とは相続税法22条に規定する時価をいいます。

建物の評価

それぞれ次の算式により計算します。

（1）配偶者が取得する配偶者居住権の評価
（2）建物所有権を取得する（配偶者居住権付き）居住建物の評価

（1）配偶者居住権の評価

居住建物の時価－

$$\text{居住建物の時価} \times \frac{\text{耐用年数} - \text{経過年数} - \text{存続年数}}{\text{耐用年数} - \text{経過年数}} \times \text{存続年数に応じた法定利率による複利現価率}$$

（2）居住建物（所有権）の評価

居住建物の時価－配偶者居住権の価額（上記（1））

土地の評価

土地の評価は、それぞれ次の算式により計算します。

居住建物の敷地

（1）配偶者が取得する敷地利用権の評価
（2）土地所有権を取得する居住建物の敷地の評価

（1）敷地利用権の評価（配偶者）

居住建物の敷地の時価－居住建物の敷地の時価×存続年数に応じた法定利率による複利現価率

（2）居住建物の敷地（所有権）の評価

居住建物の敷地の時価－敷地利用権の価額（上記（1））

小規模宅地等の減額の適用

配偶者居住権が設定された敷地については、配偶者の権利部分である敷地利用権及びその敷地（所有権）のいずれも、小規模宅地等の減額の特例要件に該当していればその適用を受けることができます。

参考にさせて頂いた文献等（敬称略）

・『不動産実務百科Q&A』 杉本幸雄　清文社

・『不動産実務ガイド』 山野目章夫　東京都不動産鑑定士協会　中央経済社

・『税大ジャーナル』11号2009.6広島国税不服審判所所長　小島俊朗

・『不動産の税金の基本を学ぶ』 吉澤大　かんき出版

・『不動産の税金鉄板ガイド』 後藤勇輝　中央経済社

・『不動産税額ハンドブック』 奥山雅治　渡邊輝男　佐藤清次　にじゅういち出版

・『不動産の税金ガイドブック』 尾崎充　清文社

・『不動産管理会社の相続税対策』 税理士法人AKJパートナーズ　中央経済社

・『不動産取引の会計・税務Q&A』 新日本有限責任監査法人　中央経済社

・『不動産オーナーのための会社活用と税務』 青木恵一　松岡章夫　吉田幸一　大蔵財務協会

・『不動産保有会社の相続税対策Q&A』 小林浩二　中央経済社

・『地主・賃貸経営者のための相続対策チェックポイント45』 TOMAコンサルタンツグループ　税務研究会

・『ライフサイクルから考える賃貸経営の税務Q&A』 渡邊浩磁　清文社

・『Q&A相続税要点小規模宅地等の特例』 塩野入文雄　法令出版

・『決定版事例で理解する！小規模宅地特例の活用』 高橋安志

ぎょうせい
・『プロが教える不動産投資の真実』 山内真也　プラチナ出版
・『不動産投資1年目の教科書』 玉川陽介　東洋経済新報社
・『不動産投資の学校〔入門編〕』 ファイナンシャルアカデミー　ダイヤモンド社
・『不動産投資の出口戦略・組合せ戦略　詳細解説版』 猪俣淳　住宅新報社
・『MBAファイナンス』 グロービス・マネジメント・インスティテュート　ダイヤモンド社
・『道具としてのファイナンス』 石野雄一　日本実業出版社
・『要点・譲渡所得』 塩野入文雄　法令出版
・『図解法人税』 大蔵財務協会
・『図解相続税・贈与税』 大蔵財務協会
・『図解財産評価』 大蔵財務協会
・『図解譲渡所得』 大蔵財務協会
・『週刊税務通信』 税務研究会
・『税経通信』 税務経理協会

執筆者紹介

税理士　伊藤　達仁（いとう　たつひと）

東京税理士会麻布支部所属　税理士登録番号85626
1996年　税理士資格取得（税理士試験合格科目：相続税法、所得税法、法人税法、簿記論、財務諸表論）
2002年　伊藤達仁税理士事務所（現、南青山会計STUDIO～伊藤達仁税理士事務所～）開業

【執筆活動】

『新版　よくわかるフランチャイズ入門』（同友館共著）
『フランチャイズ本部構築ガイドブック』（同友館共著）
『自分でできるLLP・LLC設立』（九天社）
『企業組織再編会計・税務の実務』（税務経理協会共著）
『税経通信』（税務経理協会）他

【講演活動】

日本フランチャイズチェーン協会「スーパーバイザー学校」講師
日本経済新聞社「フランチャイズ・ショー」講師

※本書の印税はサンゴ礁保護活動のための寄付または保護活動費に充てられます。

著者との契約により検印省略

平成30年11月1日　初 版 発 行
令和3年12月1日　第 2 版発行

ざっくりわかる！
不動産を買う・貸す・売るときの税金〔第2版〕

著　者　伊　藤　達　仁
発行者　大　坪　克　行
印刷所　美研プリンティング株式会社
製本所　牧製本印刷株式会社

発行所　〒161-0033　東京都新宿区下落合2丁目5番13号　株式会社　**税務経理協会**
振　替　00190-2-187408
FAX　(03)3565-3391
電話　(03)3953-3301（編集部）
　　　(03)3953-3325（営業部）
URL　http://www.zeikei.co.jp/
乱丁・落丁の場合は，お取替えいたします。

ISBN978-4-419-06836-3　C3034